RECUEIL

DES

RENSEIGNEMENTS UTILES

AUX CAPITAINES DES NAVIRES

QUI FRÉQUENTENT LE SÉNÉGAL,

Comprenant :

L'ATTERRISSAGE A SAINT-LOUIS, LE MOUILLAGE DE GUET-NDAR,

DES INSTRUCTIONS AUX NAVIRES FRANÇAIS ET ÉTRANGERS ATTÉRISSANT A St-LOUIS,

LE MOUILLAGE DE LA BARRE, LES SIGNAUX DES PILOTES ET DES SÉMAPHORES,

UN AVIS AUX NAVIGATEURS POUR DONNER EN CASAMANCE

ET UN EXTRAIT DES RÉGLEMENTS DE LA COLONIE

CONCERNANT LA NAVIGATION ET LE COMMERCE MARITIME,

Saint-Louis.

IMPRIMERIE DU GOUVERNEMENT.

1863.

RECUEIL

DES

RENSEIGNEMENTS UTILES

AUX CAPITAINES DES NAVIRES

QUI FRÉQUENTENT LE SÉNÉGAL.

RECUEIL

DES

RENSEIGNEMENTS UTILES

AUX CAPITAINES DES NAVIRES

QUI FRÉQUENTENT LE SÉNÉGAL,

Comprenant :

L'ATTERRISSAGE A SAINT-LOUIS, LE MOUILLAGE DE GUET-NDAR,
DES INSTRUCTIONS AUX NAVIRES FRANÇAIS ET ÉTRANGERS ATTÉRISSANT A St-LOUIS,
LE MOUILLAGE DE LA BARRE, LES SIGNAUX DES PILOTES ET DES SÉMAPHORES,
UN AVIS AUX NAVIGATEURS POUR DONNER EN CASAMANCE
ET UN EXTRAIT DES RÉGLEMENTS DE LA COLONIE
CONCERNANT LA NAVIGATION ET LE COMMERCE MARITIME.

Saint-Louis.

IMPRIMERIE DU GOUVERNEMENT.

—

1863.

RECUEIL

DES

RENSEIGNEMENTS UTILES

AUX CAPITAINES DES NAVIRES

QUI FRÉQUENTENT LE SÉNÉGAL.

Atterrissage à Saint-Louis (Sénégal).

Lorsque l'on atterrit à la côte d'Afrique, en venant du N. ou du N.-O. pour mouiller à Saint-Louis, on engage à attaquer la côte à la sonde, à une douzaine de lieues au-dessus de Saint-Louis, et même à la rapprocher plutôt dans le cas où l'on n'aurait pas eu d'observations astromiques. L'on prendra ainsi connaissance des terres sablonneuses et couvertes de quelques broussailles qui avoisinent le marigot des Maringouins, si la position astronomique du navire est exacte : l'on sera moins exposé, si elle est erronée, à tomber sous le vent du mouillage que l'on cherche.

A 8 lieues dans l'ouest des terres au nord de Saint-Louis, la sonde ne porte pas encore de fond ; à 7 lieues, elle accuse de 110 à 120 mètres de sable gris ; à 5 ou 6 lieues par un temps clair, et de la mâture, on commence à apercevoir la terre ; sur le pont, on l'aperçoit à 3 lieues environ : on est alors sur les fonds de 30 à 40 mètres et la côte grandit sensiblement, si on continue à l'attaquer, à l'aide des brises fraîches qui règnent le plus habituellement dans ces parages. Dans le cas où l'on atterrirait en venant de l'O. et du S.-O., sans que les observations astronomiques eussent pu faire connaître si l'on était dans le N. ou dans le S. de Saint-Louis, on peut tirer parti des remarques suivantes :

Au nord de Saint-Louis, les dunes de sable qui bordent le rivage offrent, de distance en distance, une certaine apparence de végétation grisâtre ; mais c'est inutilement qu'un capitaine chercherait à déterminer sa position, à l'aide du *bois de Griel*, dont parlent d'anciennes instructions ; la meilleure reconnaissance, dans le nord de Saint-Louis, est la tour de Ndiago. Cette tour est en maçonnerie blanche, elle a six faces, et est construite sur le sommet d'une colline de sable, près du bord de la mer, par 16° 8' 50" de latitude nord ; elle a 6 mètres de diamètre, un peu plus de hauteur, et est élevée de 14 mètres 50 centimètres au-dessus du niveau de la mer. C'est la seule construction de cette partie de la côte. De beau temps, on peut la voir du pont d'un navire, à 8 milles au large.

Au sud de Saint-Louis, et jusqu'aux dunes de Mousséguiob, par 16° 49' 0" de latitude, la pointe de Barbarie sépare le fleuve de la mer ; cette pointe de sable est généralement très-basse et sans végétation ; du large, on aperçoit par-dessus, comme si elles étaient au bord de la mer, les îles couvertes de végétation de la rive gauche de cette partie du fleuve. En arrivant sur les sondes, en venant du sud, et à 3 lieues environ de Saint-Louis, on reconnaît le village appelé Marché de Gandiole, où il existe plusieurs petites maisons en maçonnerie, et enfin à 3 milles environ de Saint-Louis, on aperçoit les cases des pilotes et le poste du capitaine de la barre avec le mât de signaux de ce poste. Si l'on atterrissait plus sud que Gandiole, on en serait immédiatement averti par l'absence de toute végétation derrière les dunes de sable qui bordent cette partie de la côte.

Une personne intelligente, en montant dans la mâture peut, à l'aide de ces divers indices, déterminer à peu près sûrement la position du navire, si l'on est certain d'être aux approches de Saint-Louis. Une autre remarque qu'on signalera encore aux navigateurs, c'est que 5 lieues au nord du parallèle du 16°, qui est celui de Saint-Louis, et 4 lieues au sud, la sonde rapporte un peu de vase verdâtre, mêlée quelquefois de sable, de gravier ou de coquilles, et assez compacte pour indiquer le plateau vasard dont Saint-Louis est à peu près le point central. Il n'y a, du reste, aucun danger à longer la côte, sur une ligne de sonde de 16 à 20 mètres et même moins ; on est alors à 2 milles 1/2 ou 3 milles. En longeant la côte à petite distance, on aperçoit bientôt le mât de pavillon, qui surmonte l'hôtel du Gouvernement, et les maisons blanches de Saint-Louis.

Si on continue à longer parallèlement la côte à petite distance pour prendre le mouillage, la sonde rapporte un brassiage moindre un peu au nord de Saint-Louis, puis accuse la même profondeur, à mesure qu'on se rapproche de la latitude de la ville. On ne tardera pas alors à voir se détacher distinctement, sur le bord de la mer, les deux villages de Ndar-Toute et de Guet-Ndar ; au nord du premier de ces villages, est une tour dans le genre de celle de Ndiago, et au centre du second, une batterie qui couronne la colline de sable sur laquelle il est construit. Dès qu'un navire, qui semble venir au mouillage, est signalé par le guetteur du mât de signaux du Gouvernement, une pirogue part de

Guet-Ndar, armée par trois ou quatre noirs, qui pagayent debout vers le navire en vue, pour lui porter les dépêches du Gouverneur ou lui demander celles qu'il peut avoir à remettre. Cette pirogue peut aussi fournir un pratique pour conduire au mouillage de la barre le navire qui ne voudrait pas s'arrêter à celui de Guet-Ndar.

Mouillage de Guet-Ndar.

Le meilleur mouillage, pour communiquer avec Saint-Louis, est un peu au nord de Guet-Ndar, par 15 mètres, relevant le mât du Gouvernement au S.-E. 1/2 E. du compas. On est alors à 1 mille 1/2 de la plage.

On peut néanmoins mouiller partout, entre 13 et 18 mètres de fond, sable et vase ; les courants portant généralement au sud, en longeant la côte, on est plus facilement en communication avec Guet-Ndar, lorsqu'on mouille un peu nord ; et l'on évite quelques roches qui se trouvent sur les fonds du sud. On roule beaucoup sur rade dans la saison des ras de marée, de décembre en mai, surtout lorsque la brise, venant du S.-O., tient le navire en travers à la houle.

Le mât de pavillon du Gouvernement est à 1 mille de la plage ; sa position astronomique est :

Latitude......... 16° 0' 58" N.
Longitude....... 17° 51' 10" O.

Pendant la nuit, on y entretient un feu de port, visible à 3 ou 4 milles de temps clair. On doit l'apercevoir par 23 mètres de fond, et il n'y a aucun danger à venir le reconnaître en longeant la côte sur la ligne de 16 à 20 mètres. On peut laisser tomber l'ancre, quand on la relève au S.-E. 1/2 E. ; c'est le mouillage déjà indiqué.

Pendant la plus grande partie de l'année, et surtout de novembre à mai, une forte barre de brisants, commune à presque tout le littoral africain, ne permet aux navires de communiquer avec Saint-Louis qu'à l'aide des pirogues de Guet-Ndar, qui traversent presque toujours avec succès trois lignes de brisants, où des canots ordinaires seraient le plus souvent remplis, chavirés et brisés contre la plage. Cependant, de juin en octobre la barre de Guet-Ndar est quelquefois tellement tranquille, que des canots pourraient facilement la franchir sans danger ; mais ces circonstances sont extrêmement rares.

Si l'on est pressé de se rendre à terre, on ne doit pas compter sur d'autre moyen de transport que celui des pirogues de Guet-Ndar ; on s'expose à être mouillé, et quelquefois à chavirer, mais les piroguiers sont si bien habitués à ces accidents, qu'on ne court jamais de danger sérieux, lorsqu'ils se sont chargés de conduire des passagers à la plage.

INSTRUCTIONS

AUX NAVIRES FRANÇAIS ET ÉTRANGERS

ATTÉRISSANT A SAINT-LOUIS.

Le capitaine du navire en vue est invité à faire connaître son nom et celui du navire qu'il commande, le lieu et l'époque de son départ, l'effectif de son équipage, le nombre, les noms et qualités de ses passagers et la maison à laquelle il est adressé.

Il est également invité à remettre à la pirogue du Gouvernement les lettres et paquets dont il est chargé pour la colonie; s'il désire un pilote pour le mouillage de la barre, il peut le choisir parmi les noirs de la pirogue.

Le capitaine devra arborer son pavillon d'arrondissement.

Les lettres et paquets seront mis par ses soins dans la boîte en cuivre que porte la pirogue. Cette caisse sera hissée à bord au moyen d'une amarre goudronnée jetée par les gens du bord aux noirs de la pirogue : elle descendra de la même manière après qu'on y aura déposé les lettres.

Personne ne pourra descendre à terre avant que le bâtiment ait été admis à la libre pratique. Le capitaine recevra avec les présentes instructions une série de questions auxquelles il devra répondre par écrit et les envoyer à l'adresse de l'Ordonnateur.

Une flamme rouge, hissée au mât du Gouvernement, indiquera que la libre pratique est accordée ; une flamme bleue indiquera que le navire est mis en quarantaine d'observation.

Le bâtiment amènera et hissera successivement trois fois son pavillon pour faire connaître qu'il a aperçu le signal.

Les capitaines sont tenus, à leur arrivée dans la colonie, de conduire devant le commissaire de l'inscription maritime, les passagers embarqués à leur bord, et de lui remettre, avec leur rôle d'équipage, les passeports de tous ceux qui y sont inscrits. Les contrevenants à ces dispositions seront poursuivis devant les tribunaux, conformément à l'arrêté du 27 décembre 1842.

Si le navire n'est pas destiné à rentrer dans le fleuve, le capitaine rendra l'instruction qu'il aura reçue aux noirs de la pirogue, et s'il est destiné pour Saint-Louis, il la remettra au capitaine de port aussitôt après son arrivée.

Le capitaine est invité aussi à remettre la lettre qu'il doit écrire au Gouverneur, en réponse à ladite instruction, au patron de la pirogue, ainsi que la série de questions et la patente de santé qu'il adressera à M. l'ordonnateur, sans confondre ces deux lettres avec celles destinées à la poste.

*

Mouillage de la barre.

Les navires qui veulent entrer dans le fleuve, ou pour lesquels la ressource des pirogues de Guet-Ndar ne peut suffire, doivent aller prendre le mouillage de la barre du fleuve, après avoir pris un pratique à bord de la pirogue qui est venue chercher les dépêches et la correspondance.

La barre du Sénégal se déplace et varie souvent d'une marée à la suivante; elle se maintient néanmoins toujours dans un espace de 10 milles, entre la pointe du Sud de Guet-Ndar et Mousséguiob, au sud de Gandiole; la barre a toujours une tendance à descendre au sud, jusqu'à ce qu'elle soit arrivée à Mousséguiob, alors elle s'engorge, et le fleuve, favorisé par les ras de marée, se crée une nouvelle issue dans le nord. Au 1er janvier de cette année la barre est par 15° 56' 10" latitude nord et 18° 50' 45" longitude ouest à 3 milles 350 (milles marins) au sud de Saint-Louis, et presque en face de l'île de Babagueye, facilement reconnaissable à un bouquet de cocotiers. Le poste et le mât de signaux sont situés actuellement à 3 kilomètres de la barre; c'est de ce point que partent les pilotes et que sont faits les signaux d'appareillage aux navires qui se trouvent en rade.

Le mouillage extérieur doit, comme celui de Guet-Ndar, être pris un peu au-dessus du point avec lequel on veut se tenir en communication ; il varie naturellement avec la position de la barre.

Le capitaine du navire en vue est prévenu que pour prendre le mouillage de la barre, il devra relever le mât du poste de la barre à l'E.-N.-E. du compas, et le bouquet de cocotiers qui environne une maison de campagne sur l'île de Babagueye, au S.-E. 1/2 S. du compas. Dans cette position, il sera par un fond de neuf brasses.

Signaux pour indiquer l'état et le piétage de la barre.

Un pavillon jaune, hissé au mât du poste, signifie que la barre est praticable.

Le pavillon bleu signifie que la barre est impraticable.

Le pavillon jaune, supérieur au bleu, signifie que les navires en dehors peuvent appareiller pour entrer et que le pilote est sur la barre.

Le pavillon bleu, supérieur au jaune, signifie que les navires en dedans du fleuve peuvent appareiller pour sortir.

Le pavillon jaune, intermédiaire à deux boules noires, hissé au mât du poste, signale aux navires qui rallient sur la barre, que le moment de la marée pour rentrer aura lieu dans une heure ou deux ; ordre de se tenir à une petite distance de la barre, pour apercevoir la chaloupe des pilotes qui fera le signal de donner dessus, au moyen d'un pavillon hissé au bout d'une perche de ladite chaloupe.

Le pavillon bleu, intermédiaire à deux boules noires, hissé au mât du poste, signale aux navires qui sont sous

Nota. Lorsqu'un bâtiment est aperçu par le poste de la barre avant la nuit, le capitaine de ce poste fait hisser deux fanaux en tête du mât, pour indiquer la position aux capitaines qui viennent prendre ce mouillage la nuit.

voiles pour entrer, de reprendre leur mouillage, attendu que le moment de la marée est passé ou que les pilotes n'ont pu sortir parce que la mer est devenue trop grosse au moment de la pleine mer, ou parce que le vent a refusé ou molli.

Le pavillon jaune, supérieur à trois boules noires, signale aux navires nouvellement arrivés sur la rade de la barre, qui appellent les pilotes au moyen d'un signal au mât de misaine, que la chaloupe ne peut communiquer avec eux, soit que la marée soit passée pour franchir la barre, ou que la mer soit trop grosse, ou que le navire soit mouillé trop loin de la barre.

Dans ce dernier cas, ordre de s'en approcher par le fond de neuf brasses et au relèvement désigné par la présente instruction.

La flamme rouge, supérieure à une boule noire, signale aux navires sur rade, ou qui rallient pour rentrer, que la marée aura lieu dans la matinée, de 8 heures à midi.

La flamme rouge, supérieure à deux boules noires, signale aux navires sur rade ou qui rallient, que la marée est trop tard ou trop de bonne heure pour rentrer.

La flamme rouge seule au grand mât du poste, signale aux navires sur rade ou qui rallient, que la chaloupe des pilotes est sur la barre pour sonder et placer les bouées. Ordre de se préparer à l'appareillage.

Le piétage de la barre est signalé de la manière suivante, au moyen de boules noires hissées à la corne du mât du poste :

Une boule noire............ 7 pieds ;
Deux boules noires......... 8 pieds ;
Trois boules noires......... 9 pieds.

Le remorquage des navires à l'entrée du fleuve est obligatoire. D'après les clauses du cahier des charges de la compagnie de remorquage, les navires sont laissés au bas du fleuve, après leur entrée.

Le capitaine de la barre, lorsqu'il juge les circonstances favorables, signale avec la flamme bleue, au bâtiment qui doit entrer, de se tenir prêt à recevoir les remorques.

Ce bâtiment doit répondre à ce signal en amenant deux fois son pavillon national ; ce n'est qu'après l'accomplissement de cette formalité que le capitaine de la barre donne au remorqueur l'ordre de chauffer.

Une chaloupe de secours, munie de câbles et ancres, est toujours prête à se porter en aide aux navires qui viendraient à échouer sur la barre; dès que les bâtiments appareillent, elle a ordre de venir mouiller sur la lisière des brisants. D'un autre côté, tous les mouvements des navires qui s'engagent sur la barre, soit pour entrer, soit pour sortir, sont surveillés au poste de la barre et communiqués au Gouvernement, à Saint-Louis, à l'aide des sémaphores échelonnés sur la côte entre ces deux points, afin que l'on puisse envoyer sans retard des secours au bâtiment qui en aurait besoin.

La profondeur de la barre varie suivant les saisons, et son gisement change après chaque ras de marée; aussi est-il important que les capitaines de navires accusent exactement aux pilotes le tirant d'eau de leur bâtiment.

Chaque fois que la barre est praticable pour une chaloupe, les pilotes vont sonder le chenal et placent des bouées sur la tête des bancs, lorsqu'ils ont des navires à entrer ou à sortir. Les mouvements des navires ne peuvent se faire qu'au moment du flot et aux approches de la pleine mer. L'établissement de la barre, à la position où elle se trouve aujourd'hui, est environ à 8 heures 45 minutes les jours de nouvelle et pleine lune, et la mer marne de 2 pieds 1/2 dans les grandes marées.

AVIS AUX NAVIGATEURS
POUR DONNER EN CASAMANCE.

Le banc, dit sur la carte n° 1270 du dépôt n° 1360 du portulan général, publié en 1852, *banc du Nord ou de Casamance*, a, depuis douze ans, sensiblement changé de forme et de direction. *Le banc du Sud*, suivant la même progression, est aussi descendu vers le sud, mais c'est toujours entre ces deux bancs qu'est située la grande passe, la seule praticable aujourd'hui pour entrer avec sécurité dans la Casamance.

Les pilotes de la côte ont donné le nom de *Peloton* au brisant le plus sud du *banc du Nord*, et ne sont sûrs de leur position, que lorsqu'ils ont bien reconnu ce brisant qu'on peut ranger de très-près en se tenant dans les grands fonds (10 et 11 mètres) du chenal.

Une bouée en tôle, peinte en rouge, surmontée d'un ballon noir élevé de trois mètres au-dessus de l'eau, marque l'accore sud du *peloton*. — On peut, à la rigueur, passer entre cette bouée et le brisant, mais la moindre embardée vous jetterait sur le banc; — il faudra donc toujours la laisser par bâbord en entrant, par tribord en sortant, en la rangeant d'aussi près qu'on voudra

De la bouée on relève la pyramide de Djogué, au nord 56° 15' est du monde (I), la partie la plus

---

(1) Tous les relèvements de cette note sont corrigés de la variation comptée 18° 50' N.-O.

nord de la végétation de la pointe Guimberin, au nord 74° 25' est; la partie supérieure de la tache blanche de la hauteur de Guimberin, au sud 23° 5' est.

De la bouée, le *banc du Nord* court au nord 65° ouest du côté du large, et au nord 50° est du côté du fleuve.

Instruction pour donner en Casamance.

Un bâtiment venant du nord, pour entrer en Casamance, gouvernera sur la tache blanche de la hauteur de Guimberin, au sud 45° est; sur cette route il atteindra les fonds de 6 et 7 mètres, et verra, par bâbord, la bouée rouge du *peloton*. — Dès qu'il la relèvera au sud 67° est, il pourra venir sur bâbord et donner sur la barre des petits fonds qui brisent quelquefois et paraissent alors réunir l'accore extérieur du *banc du Nord* au *banc du Sud*. — A ce relèvement, avec un peu d'attention et plus tard d'habitude, surtout le soir quand le soleil étant à l'Occident, la terre est bien éclairée, on reconnaîtra sur la cote de Guimberin une sorte de *tache* ou *coupée* formée par les brousailles qui descendent en cet endroit jusqu'à la plage; et toujours au même relèvement, dans l'intérieur des terres, un arbre peu élevé en forme de parasol, dont la tête détachée sur l'horizon, domine suffisamment pour qu'on ne puisse le confondre avec un autre, surtout quand on vient du large.

En maintenant cet arbre dans le milieu de la coupée dont je viens de parler, au sud 65° 30' est, on restera dans la partie profonde du chenal, et on aura franchi la barre par des fonds de 5 mèt. 50 à 6 mètres, à mer haute, pour tomber rapidement sur l'accore du *banc du Nord*, dans ceux de 7, 9 et 10 mètres près

de la bouée, d'où la route est directe et sans danger
sur le milieu de l'entrée du fleuve, et d'autant plus
sûre qu'on se tient près des brisants du *banc du Nord*.

On laisse sur cette route le *banc du Sud* à bonne
distance, et d'ailleurs, dès que le fond diminue graduel-
lement et qu'on tombe au sud des relèvements indi-
qués, il suffit de redresser sa route au nord.

Vents et saisons.

En novembre, les vents d'E.-N -E. ou brises de
terre, qu'on appelle vent d'Est au Sénégal, commen-
cent à souffler le matin, et sont remplacés presque sans
intermittence par ceux du large ou du N.-N.-O.; ils
ont, de jour en jour, plus de force et de durée, jusqu'en janvier, où ils soufflent le plus souvent pendant
toute la journée; à la fin de ce mois, ils perdent de
leur force et cessent tout à fait en mars, tandis que les
brises du large deviennent de plus en plus fraîches,
pour souffler à leur tour pendant toute la journée, depuis le commencement d'avril jusqu'à la fin de mai. En
juin, ces derniers font place, surtout dans l'après-midi,
à des brises moins régulières de l'O.-N.-O. et même
de l'O., qui halent souvent jusqu'au S.-O. en juillet,
août et septembre, pour remonter enfin au N.-N.-O.
en octobre.

Les navires, qui ne voudraient se servir que de leurs
voiles, seraient donc exposés à attendre longtemps l'entrée du fleuve en décembre, janvier et février, tandis
qu'il arrive souvent, en avril et mai, de franchir la
barre et de venir jusqu'aux quais de Saint-Louis sans
avoir mouillé hors du fleuve.

En septembre, octobre et novembre, époque où la
crue du fleuve empêche les marées de nettoyer le che-

nal de la barre, celle-ci a toujours moins de profondeur que dans la saison où les eaux de la mer, en entrant dans le fleuve et en sortant régulièrement, entraînent avec elles les sables que les vents de nord y déposent constamment.

Communications télégraphiques entre le poste de la barre et Saint-Louis.

Les communications entre le poste de la barre et Saint-Louis se font au moyen de télégraphes à bras disposés de la manière suivante :

Chaque mât est armé de trois bras placés l'un au-dessus de l'autre et pouvant tourner autour de leur centre, dans le plan Est-Ouest. Le bras supérieur indique les unités, le bras intermédiaire les dizaines, et le bras inférieur les centaines. Chacun de ces bras peut, en tournant autour de son centre, prendre sept positions faciles à distinguer et qui ont chacune une valeur numérique, savoir :

$$0, \quad 1, \quad 2, \quad 3, \quad 4, \quad 5, \quad 6, \text{ pour le bras supérieur.}$$
$$0, \quad 10, \quad 20, \quad 30, \quad 40, \quad 50, \quad 60, \text{ pour le deuxième.}$$
$$\text{Et } 0, \quad 100, \quad 200, \quad 300, \quad 400, \quad 500, \quad 600, \text{ pour le troisième.}$$

On peut ainsi signaler 342 numéros correspondant à autant de phrases du vocabulaire.

Un pavillon, ou tout autre signal de convention, hissé au sommet ou à côté du sémaphore, pourrait permettre d'étendre les signaux au nombre de quatre chiffres, ou indiquer différents vocabulaires de trois chiffres; mais, jusqu'ici, on n'a reconnu l'utilité que d'une seconde série, qui est indiquée par un pavillon *rouge* : et les signaux de la barre, qui sont accompagnés de ce pavillon, correspondent à un vocabulaire particulier, qui sert de complement au premier.

Signaux du mât du Gouvernement.

Le guetteur du Gouvernement hisse, à la corne de son mât de signaux, *un pavillon damier bleu et blanc* pour prévenir les piroguiers de Guet-Ndar qu'un navire est en vue.

Il hisse au-dessous de ce pavillon *une flamme bleu, blanc, rouge*, lorsqu'il a reconnu le navire en vue pour un bâtiment de guerre français, ou une *flamme rouge*, si c'est un navire de guerre étranger

Une *flamme bleue* indique un bâtiment à vapeur quelle que soit sa nationalité.

Un *pavillon écartelé blanc et rouge* indique un navire de commerce étranger; les navires de commerce français sont signalés par leurs *pavillons d'arrondissement*.

Enfin, le pavillon à quatre carrés opposés *bleu et jaune* annonce un caboteur.

Un *pavillon blanc portant cinq croix bleues* (aperçu de l'ancienne série de signaux) est hissé tous les jours à midi moins trois minutes et amené à midi sonnant à l'horloge de l'église, pour donner l'heure approchée à Sor, Guet-Ndar, Ndar-Toute et aux navires en rade.

Le damier rouge et blanc indique à la ville que le courrier anglais ou français sont arrivés à la poste et qu'on va commencer la distribution des lettres.

Et le *pavillon rouge* est employé comme marque distinctive de la deuxième série de signaux entre le poste de la barre et le sémaphore du Gouvernement.

Lorsque le mauvais temps empêche les pirogues de se rendre à bord des bâtiments qui veulent communiquer avec la terre, ces derniers peuvent employer le *Code de signaux de Reynold;* on leur répondra, s'ils sont sur rade de Guet-Ndar, du sémaphore du Gouvernement, et s'ils sont en rade de la barre, de celui du poste du capitaine de la barre.

Signaux télégraphiques entre la barre et Saint-Louis.

1re SÉRIE. — SIGNAUX ORDINAIRES.

Guetteurs. — Barre et pilotes.

1. Numéro du *guetteur du sémaphore* du Gouvernement.
2. Numéro du *guetteur du sémaphore* de la Pointe aux Chameaux.
3. Numéro du *guetteur du sémaphore* du deuxième poste en descendant.
4. Numéro du *guetteur du sémaphore* du troisième poste en descendant.
5. Numéro du *guetteur du sémaphore* du poste de la barre.
6. Numéro du *guetteur du sémaphore* des cases des pilotes.
10. Le *guetteur* dont on va mettre le numéro n'est pas à son poste; ordre de s'y rendre de suite.
11. Le *guetteur* dont on va mettre le numéro est malade; il demande à remonter à Saint-Louis.
12. On demande le *guetteur* dont on va mettre le numéro.
13. Défense aux *guetteurs* de quitter leur poste.
14. Les navires vont appareiller pour entrer ou sortir; ordre aux guetteurs de bien veiller aux signaux et de ne pas quitter leur poste.

15. Le signal n'a pas été compris, ordre de le répéter.
16. Comment est la *barre?*
20. La *barre* est belle.
21. La *barre* est dangereuse.
22. La *barre* est praticable, mais le calme ne permet pas aux bâtiments d'entrer.
23. La *barre* est praticable, mais le calme ne permet pas aux bâtiments de sortir.
24. La *barre* est praticable, mais le vent ne permet pas aux bâtiments d'entrer ni même aux caboteurs.
25. Pense-t-on que la *barre* sera praticable demain?
26. Espère-t-on entrer ou sortir les bâtiments demain?
30. La mer et le temps s'embellissent, les pilotes pensent pouvoir sortir les bâtiments demain ; se préparer à descendre.
31. La *chaloupe des pilotes* est-elle sortie?
32. La *chaloupe des pilotes* place les bouées sur la barre.
33. La *chaloupe des pilotes* est en mer et communique avec les navires.
34. La *chaloupe des pilotes* est rentrée dans le fleuve.
35. La *chaloupe des pilotes* a rempli et a chaviré sur la barre.
36. A quelle heure faut-il que le bateau à vapeur se rende à la barre pour sortir?
40. Combien y a-t-il de pieds d'eau sur la barre **au** moment de la pleine mer?
41. A quelle tirant d'eau faut-il mettre les navires pour les faires sortir à la plus haute marée de **nouvelle ou pleine lune?**

42. Il y a six pieds d'eau sur la *barre*.
43. Il y a sept pieds d'eau sur la *barre*.
44. Il y a huit pieds d'eau sur la *barre*.
45. Il y a neuf pieds d'eau sur la *barre*.
46. Il y a dix pieds d'eau sur la *barre*.
50. Il y a onze pieds d'eau sur la *barre*.
51. Il y a douze pieds d'eau sur la *barre*.
52. La *chaloupe canonnière* est-elle sortie?
53. La *chaloupe canonnière* est-elle sortie pour aller à bord des navires en rade.
54. La *chaloupe canonnière* est rentrée dans le fleuve.
55. La *chaloupe canonnière* a rempli ou chaviré sur la barre.
56. Le *capitaine du stationnaire* a été visiter le chenal.
60. Le *capitaine du stationnaire* est rentré dans le fleuve.
61. La *chaloupe canonnière et celle des pilotes* ont été porter secours à l'embarcation qui a chaviré sur la barre.
62. La *chaloupe* qui avait chaviré sur la barre est entrée dans le fleuve avec les sauveteurs.
63. La *chaloupe* qui avait chaviré sur la barre est perdue.
64. L'équipage de la chaloupe perdue est sauvé.
65. L'équipage de la chaloupe perdue est noyé.
66. Ordre aux *pilotes* d'aller visiter les navires qui sont en rade et d'aller prendre les lettres et paquets et de les envoyer à Saint-Louis.
100. Ordre aux *pilotes* d'aller prendre les lettres, paquets et passagers, et de les envoyer à Saint-Louis.

101. La pirogue des *pilotes* communique avec les bâtiments nouvellement arrivés sur la rade.

102. La pirogue des *pilotes* est arrivée sur la plage.

103. Les lettres sont expédiées.

104. Les *pilotes* ne pouvant pas communiquer avec les bâtiments qui sont en rade, on demande d'expédier une pirogue de Guet-Ndar.

105. La *pirogue* expédiée de Guet-Ndar est arrivée à bord des navires sur la rade de la barre.

106. La *pirogue* expédiée de Guet-Ndar est entrée dans le fleuve et remonte à Saint-Louis.

110. La *pirogue* expédiée de Guet-Ndar est-elle entrée dans le fleuve?

111. Ordre au *capitaine du poste de la barre* de défendre aux pilotes de communiquer avec les bâtiments nouvellement arrivés ou celui dont on va mettre le numéro.

112. Ordre au *capitaine du poste de la barre* de défendre aux pilotes de communiquer avec les bâtiments venant de Gorée, des îles du cap Vert ou du bas de la côte.

113. Ordre au *capitaine du poste de la barre* d'ordonner aux pilotes de faire rentrer les navires venant de Gorée, des îles du cap Vert ou du bas de la côte, sans communiquer avec eux, et de les faire mouiller en quarantaine près du stationnaire.

114. Ordre au *capitaine du poste de la barre* d'envoyer les pilotes transmettre l'ordre aux capitaines des navires venant de Gorée, des îles du cap Vert ou du bas de la côte, d'aller purger leur quarantaine à Gorée, sans communiquer avec eux.

115. Ordre au *capitaine du poste de la barre* de donner entrée aux navires en quarantaine, en bas du fleuve ou en dehors de la barre.

116. Ordre au *capitaine du poste de la barre* de défendre aux pilotes de sortir le bâtiment qui vient de descendre ou celui dont on va mettre le numéro.

120. Ordre au *capitaine du poste de la barre* de faire monter à Saint-Louis le capitaine du navire qui vient de descendre et auquel on a défendu de sortir

121. Faut-il laisser sortir le ou les navires qui n'ont pas de laisser-passer ?

122. Ordre au *capitaine du poste de la barre* de laisser sortir du fleuve le navire arrêté.

123. On demande à Saint-Louis le *premier pilote*.

124. On demande à Saint-Louis le *deuxième pilote*.

125. On demande à Saint-Louis un *aspirant pilote*.

126. On demande à Saint-Louis deux *aspirants pilotes*.

130. On demande à Saint-Louis le *capitaine du stationnaire*.

131. On demande à Saint-Louis le *capitaine du poste de la barre*.

132. On demande à Saint-Louis le *premier gourmet* du poste de la barre.

133. On demande à Saint-Louis la *chaloupe canonnière et son armement*.

134. Il est permis aux *pilotes* qui ont demandé à monter à Saint-Louis, de s'y rendre.

135. Le *courrier* attendu de Gorée a-t-il traversé au poste de la barre et fait-il route pour Saint-Louis ?

136. Le Gouverneur est mécontent du service du *guetteur* dont on va mettre le numéro.

140. Le Gouverneur est satisfait du service du *guetteur* dont on va mettre le numéro.

141. On demande ce qu'il y a de nouveau à la *barre*. (On répètera tous les signaux de la journée.)

142. On va faire des signaux avec la série du *pavillon rouge* ; ordre est donné aux guetteurs de bien veiller aux signaux et de bien les transmettre.

143. Le Gouverneur est mécontent du service du *capitaine de la barre*.

144. Le Gouverneur est satisfait du service du *capitaine de la barre*.

145. L'ordre donné est exécuté.

146. Oui.

150. Non.

Mouvement d'appareillage pour entrer.

151. Les *caboteurs* appareillent pour entrer.

152. Les *caboteurs* donnent sur la barre.

153. Les *caboteurs* ont franchi la barre et louvoient dans le chenal.

154. Les *caboteurs* ont franchi le chenal et sont entrés dans le fleuve.

155. Les *caboteurs* ont repris leur mouillage à cause du calme ou du vent debout au moment de la haute mer.

156. Un *caboteur* en entrant a été forcé de mouiller sur la barre.

160. Un *caboteur* après avoir franchi la barre a été obligé de mouiller dans le chenal.

161. Les *navires d'Europe* appareillent pour entrer.

162. Les *navires d'Europe* donnent sur la barre.

163. Les *navires d'Europe* ont franchi la barre et louvoient dans le chenal.

164. Un *navire d'Europe* a franchi le chenal et est entré dans le fleuve.

165. Deux *navires d'Europe* ont franchi le chenal et sont entrés dans le fleuve.

166. Trois *navires d'Europe* ont franchi le chenal et sont entrés dans le fleuve.

200. Les *navires d'Europe* ont repris leur mouillage à cause du calme ou du vent debout au moment de la marée.

201. Un *navire d'Europe* en entrant a été forcé de mouiller sur la barre.

202. Un *navire d'Europe* après avoir franchi la barre a été forcé de mouiller dans le chenal.

203. Un *navire d'Europe* demande à se faire remorquer.

204. Un *navire de guerre* appareille pour entrer.

205. Un *navire de guerre* donne sur la barre.

206. Un *navire de guerre* est entré dans le fleuve.

210. Deux *navires de guerre* sont entrés dans le fleuve.

211. Trois *navires de guerre* sont entrés dans le fleuve.

212. Les *navires de guerre* ont repris leur mouillage.

213. Un *navire de guerre* en entrant a été forcé de mouiller sur la barre.

214. Un *navire de guerre* en entrant a été forcé de mouiller dans le chenal.

215. Le *remorqueur* chauffe pour entrer dans le fleuve.

216. Le *remorqueur* prend un navire à la remorque.

220. Le *remorqueur* est entré avec le navire qu'il remorquait.

221. Le *remorqueur* est entré sans remorquer.

222. Le *remorqueur* est forcé d'abandonner les remorques.

223. Le navire qui avait mouillé dans le chenal a été obligé de ressortir.

224. Le navire qui a été forcé de mouiller sur la barre est entré dans le fleuve.

225. Un bâtiment en entrant a cassé son gouvernail, on demande un remorqueur pour le remorquer.

Mouvements d'appareillage pour sortir.

226. Les *caboteurs* appareillent pour sortir du fleuve.

230. Les *caboteurs* louvoient dans le chenal de la barre.

231. Les *caboteurs* sont sortis et hors de danger.

232. Les *caboteurs* ont repris leur mouillage à cause du calme ou du vent contraire.

233. Un *caboteur* seul a pu sortir à cause de son faible tirant d'eau.

234. Un *caboteur* en sortant a été forcé de mouiller sur la barre.

235. Un *bateau à vapeur* appareille pour descendre à la barre, ordre aux pilotes et à la chaloupe de veiller du poste et de se tenir prêts à le sortir.

236. Un *navire à voiles* appareille pour descendre à la barre, ordre aux pilotes et à la chaloupe de veiller du poste et de se tenir prêts à le sortir.

240. Un *navire d'Europe* appareille pour sortir du fleuve.

241. Un *navire d'Europe* donne dans le chenal de la barre.

242. Un *navire d'Europe* est sorti et hors de danger.

243. Deux *navires d'Europe* sont sortis et hors de danger.

244. Trois *navires d'Europe* sont sortis et hors de danger.

245. Les *navires d'Europe* ont repris leur mouillage à cause du calme ou du vent contraire.

246. Un *navire d'Europe* seul a pu sortir, à cause de son faible tirant d'eau.

250. Un *navire d'Europe*, au moment de franchir la barre pour sortir, a été forcé de mouiller dans le chenal, à cause du calme.

251. Un *navire d'Europe*, au moment de franchir la barre pour sortir, a été obligé de mouiller sur la barre.

252. Les *navires de guerre* appareillent pour sortir du fleuve.

253. Les *navires de guerre* donnent sur la barre.

254. Un *navire de guerre* est sorti du fleuve.

255. Deux *navires de guerre* sont sortis du fleuve.

256. Trois *navires de guerre* sont sortis du fleuve.

260. Les *navires de guerre* ont repris leur mouillage.

261. Le *navire de guerre* a été forcé de mouiller sur la barre.

262. Le *remorqueur* chauffe pour sortir du fleuve.

263. Le *remorqueur* prend un navire à la remorque.

264. Le *remorqueur* donne sur la barre.

265. Le *remorqueur* est sorti avec le navire qu'il remorquait.

266. Le *remorqueur* est sorti sans remorque.

300. Le *remorqueur* a repris son mouillage.

301. Le *remorqueur* a été forcé de mouiller sur la barre.

302. Le navire que le calme a forcé de mouiller sur la barre et sorti et hors de danger.

303. Le bâtiment dont on va mettre le numéro, après être sorti, a mouillé sur la rade.

304. Les bâtiments qui n'ont pas de numéro et qui viennent de sortir sont mouillés en dehors.

305. Les bâtiments qui n'ont pas de numéro et qui viennent de sortir sont-ils mouillés en dehors.

Echouages. — Demandes de secours.

306. Un *caboteur* s'est échoué en louvoyant dans le chenal de la barre.

310. Un *navire de commerce* s'est échoué sur la barre.

311. Un *navire de guerre* s'est échoué sur la barre.

312. Un navire s'est échoué sur les bancs du sud.

313. Un navire s'est échoué sur la tête des bancs du nord.

314. Un navire s'est échoué sur la côte de Gandiole, au sud de la barre.

315. Un navire s'est échoué sur la côte de Gandiole, au nord de la barre.

316. Un navire s'est échoué sur la pointe de Barbarie, en dehors du fleuve.

320. Un navire s'est échoué sur la pointe de Barbarie, en dedans et au sud de la barre.

321. Un navire s'est échoué sur la pointe de Barbarie, en dedans et au nord de la barre.

322. Un *navire d'Europe* s'est échoué dans le fleuve en appareillant pour sortir.

323. Un *navire d'Europe* s'est échoué sur les bancs du fleuve en montant à Saint-Louis.

324. Le *navire d'Europe* qui s'était échoué est-il hors de danger?

325. Le *navire d'Europe* qui s'était échoué dans le chenal de la barre est hors de danger.

326. Les secours sont inutiles.

330. La chaloupe du poste de la barre et celle des pilotes ont été porter secours au navire échoué.

331. La chaloupe canonnière et tout le personnel du poste travaillent à faire entrer le navire qui est en danger.

332. Le navire qui s'était échoué en appareillant est remis à flot.
333. Le navire qui s'était échoué en appareillant est remis à flot; on travaille à le mettre hors de danger.
334. Le navire ne fait pas d'eau, on a l'espoir de le sauver.
335. Le navire échoué est relevé.
336. Le navire échoué est rentré dans le fleuve.
340. Le navire échoué demande de prompts secours.
341. Le navire échoué est démâté.
342. Le navire échoué est défoncé.
343. Le navire échoué est plein d'eau.
344. Les débris du navire naufragé sont à terre.
345. Les débris du navire naufragé sont entraînés par les courants.
346. L'équipage a abandonné le navire et est à terre sur la côte de Gandiole.
350. L'équipage a abandonné le navire et est à terre sur la pointe de Barbarie.
351. Tout ce qu'il a été possible de sauver du navire échoué est terminé.
352. Tous les navires se sont perdus dans la nuit.
353. On ne peut plus rien sauver du navire échoué ; on demande à le couler ou le brûler.
354. Ordre de couler ou brûler le navire échoué.
355. Les premiers secours envoyés de Saint-Louis sont arrivés.
356. On demande une ancre et un grelin.
360. On demande des corvées pour sauver la cargaison.
361. On demande des embarcations ou alléges.
362. Ordre aux gens de corvée de remonter à Saint-Louis.

363. Ordre aux troupes qui sont au poste de la barre de remonter à Saint-Louis.
364. Ordre aux troupes destinées pour France ou pour Gorée de remonter à Saint-Louis.
365. On demande des vivres pour la troupe ou les gens de corvée.
366. On demande des vivres pour les troupes retenues à la barre.
400. On demande des vivres pour les convalescents qui sont retenus à la barre.
401. On demande des vivres, des effets de campement pour les troupes retenues à la barre.

Navires en vue et rade de la barre.

402. On aperçoit une voile.
403. On aperçoit deux voiles
404. On aperçoit trois voiles.
405. On aperçoit un grand nombre de voiles.
406. Les voiles aperçues sont à l'aire de vent qu'on va signaler.
410. Nord.
411. Sud.
412. Ouest.
413. Les voiles aperçues sont des *navires de guerre.*
414. Les voiles aperçues sont des *frégates, corvettes ou gabares.*
415 Les voiles aperçues sont des *bateaux à vapeur.*
416. Les voiles aperçues sont *anglaises.*
420. Les voiles aperçues sont *américaines.*
421. Les voiles aperçues sont *portugaises.*
422. Les voiles aperçues sont *espagnoles.*
423. Les voiles aperçues sont suspectes.
424. Les voiles aperçues sont des *navires du commerce.*

425. Les voiles aperçues sont des *trois-mâts-barques*.
426. Les voiles aperçues sont des *bricks*.
430. Les voiles aperçues sont des *bricks-goëlettes*.
431. Les voiles aperçues sont des *bateaux ou cutters*.
432. Un navire de commerce de l'arrondissement de *Bordeaux* va mouiller sur la rade de la barre.
433. Un navire de commerce de l'arrondissement de *Marseille* va mouiller sur la rade de la barre.
434. Un navire de commerce de l'arrondissement de *Nantes* va mouiller sur la rade de la barre.
435. Un navire de commerce de l'arrondissement du *Havre* va mouiller sur la rade de la barre.
436. Le navire que l'on vient de signaler louvoie à une grande distance du mouillage.
440. Le navire que l'on vient de signaler louvoie à une petite distance du mouillage.
441. Le navire que l'on vient de signaler prend la bordée du large.
442. Le navire que l'on vient de signaler prend la bordée de terre.
443. Le navire que l'on vient de signaler vient de mouiller près des navires de commerce.
444. Le navire que l'on vient de signaler communique avec les navires de commerce.
445. Le navire que l'on vient de signaler appareille.
446. Le navire que l'on vient de signaler prend le large.
450. Le navire que l'on vient de signaler fait route dans le nord.
451. Le navire que l'on vient de signaler fait route pour Gorée.
452. Le bâtiment qui a mouillé en dehors de la barre fait-il route ou est-il au mouillage?

453. Le bâtiment qui a mouillé en dehors de la barre fait route.

454. Le navire qui a mouillé en dehors de la barre est au mouillage.

455. Le navire dont on va mettre le numéro est-il arrivé à la barre?

456. Le navire dont on va mettre le numéro est-il entré dans le fleuve?

460. Le navire dont on va mettre le numéro est-il sorti du fleuve?

461. Un *navire de guerre* a mouillé sur la rade de la barre; il demande un pilote.

462. Un *navire de guerre* a mouillé sur la rade de la barre; il a besoin d'ancre.

463. Un *navire de guerre* a mouillé sur la rade de la barre; il a besoin d'eau.

464. Un *navire de commerce* a mouillé sur la rade de la barre; il a besoin de vivres.

465. Un *navire de commerce* a mouillé sur la rade de la barre; il demande un pilote.

466. Un *navire de commerce* a mouillé sur la rade de la barre; il a besoin d'ancre.

500. Un *navire de commerce* a mouillé sur la rade de la barre; il a besoin d'eau.

501. Un *navire de commerce* a mouillé sur la rade de la barre; il a besoin de vivres.

502. Ordre au *capitaine de la barre* d'aller visiter le navire nouvellement arrivé à la barre.

503. Ordre au *capitaine de la barre* d'aller visiter le navire qui est suspect avec la chaloupe canonnière armée en guerre.

504. Ordre au *capitaine de la barre* d'envoyer la chaloupe canonnière alléger le navire de guerre ou de commerce nouvellement arrivé, ou celui dont on va mettre le numéro.

505. Les alléges des bâtiments qui sont en dehors de la barre ont-elles fini leur déchargement ?

506. Peut-on faire chauffer le remorqueur pour entrer ou sortir un bâtiment?

510. Ordre au capitaine du poste de la barre de dire à celui du remorqueur de chauffer immédiatement pour monter à Saint-Louis.

511.

512.

513.

514.

515.

516.

Numéros des navires de guerre.

520.

521.

522. Crocodile.

523. Griffon.

524. Fourmi.

525. Archimède.

526. Podor.

530. Couleuvrine.

531. Basilic.

532. Serpent.

533. Africain.

534. Écureuil.

535. Bourrasque.

536. Dialmath.
540. Grand-Bassam.

Numéros des navires de commerce

541. Paula.
542.
543. Coq.
544. Saint-Louis-et-Gorée.
545. Mixte 1.
546. Saphir.
550. Niger.
551. Dowiche.
552.
553. Elisa-Prosper.
554. Emmeline.
555. Dominique.
556. Cayar.
560. Mixte 2.
561.
562. Tourville.
563.
564.
565. Girondin.
566. Marius.
600. Messager-du-Sénégal.
601. Louise.
602. Madeline.
603. Colibri.
604.
605. Podor.
606. Provençale.
610. Palmier.
611. Express.

612.
613.
614.
615. Sénégalais.
616. Sénégal.

Numéros des navires caboteurs.

620. L'Active.
621. Clarisse.
622.
623. Cigale.
624.
625.
626. Brise-Lames.
630.
631.
632.
633. Etoile.
634.
635.
636. Franchise.
640.
641. Herminie.
642. Isidore.
643. Gazelle.
644. Transit.
645. Mouche.
646.
650.
651.
652. Libéral.
653. Marie-Amélie.

654. Magdeleine-Rose.
655. Marie.
656. Marie-Thérèse.
660. Marie n° 2.
661. Sylphide.
662. Maud.
663. Touloucouna.
664. Père-Auguste.
665. Saint-Louis. (*Remorqueur.*)
666. Sylphe. (*Remorqueur.*)

2ᵉ SÉRIE. — SIGNAUX ACCOMPAGNÉS DU PAVILLON ROUGE.

1.	0	nombre, heure, quantième du mois, etc.
2.	1/2	*id.*
3.	1	*id.*
4.	2	*id.*
5.	3	*id.*
6.	4	*id.*
10.	5	*id.*
11.	6	*id.*
12.	7	*id*
13.	8	*id.*
14.	9	*id.*
15.	10	*id.*
16.	20	*id.*
20.	30	*id.*
21.	40	*id.*
22.	50	*id.*
23.	100	*id.*

A

24. A, au.

25. Abandonner.
26. Abord.
30. Aborder.
31. Abri.
32. Accalmie.
33. Accoster.
34. Affourcher.
35. Agrès.
36. Allége.
40. Envoyer une *allége*.
41. Alléger.
42. Aller.
43. Allumer les feux.
44. Amener.
45. Ancre grosse.
46. *Ancre* de touée.
50. Annuler le signal précédent.
51. Appareille.
52. Disposez-vous à *appareiller*.
53. *Appareiller* sans autres signaux.
54. Apparence.
55. Appeler.
56. Après.
60. Après-demain.
61. Armer.
62. Arrêter.
63. Arrimer.
64. Arriver.
65. Artillerie.
66. Assez.
100. Assister.
101. Attaquer.

102. Atteindre.
103. Attendre.
104. Attentif. (Soyez *attentif.*)
105. Attention.
106. Augmentation, augmenter.
110. Aujourd'hui.
111. Aussière.
112. Avarie.
113. Avec.
114. Aveugler une voie d'eau.

B

115. Banc.
116. Baleinière.
120. Barbarie. (Côte de *Barbarie.*)
121. Barre.
122. Barrique.
123. Bas.
124. Basse mer.
125. Bas mâts.
126. Bâtiment à vapeur.
130. Beau, beau temps.
131. Beaucoup.
132. Berne. (Le navire qu'on va signaler a son pavillon en *berne.*)
133. Besoin. (Avoir *besoin* de.)
134. Bien.
135. Biscuit.
136. Blesser, blessé.
140. Bord. (A *bord.*)
141. Brisants.
142. Brise.
143. Brume.

C

144. Câble.
145. Caboteur.
146. Cadavre.
150. Caisse à **eau**.
151. Cale, caler.
152. Caliorne.

153. Calme.
154. Canon-obusier.
155. Canot.
156. Capitaine.
160. Cargaison.

161. Casser.
162. Ce.
163. Chaîne.
164. Chaland.
165. Chaloupe.
166. Charbon de terre.

200. Chargement, charger.
201. Charpentier.
202. Chasser.
203. Chaudière.
204. Chauffer, chauffez.
205. Chavirer.

206. Chenal.
210. Chirurgien.
211. Choisir.
212. Code de signaux **Reynold**.
213. Combien.
214. Commandant.
215. Commerce.
216. Commissaire.

220. Communiquer.
221. Confidentiel.
222. Contagieux.
223. Contrebande.
224. Côte.
225. Couler.
226. Courant.
230. Courrier.

D

231. Dans.
232. Danger. (En *danger*.)
233. De.
234. Débarquer, débarquement.
235. Débris.
236. Décamper.
240. Décharger, déchargement.
241. Découvrir.
242. Dedans. (En *dedans*.)
243. Défendre. (Se *défendre*.)
244. Défense.
245. Défoncer.
246. Dégréer.
250. Dehors. (En *dehors*.)
251. Déjauger.
252. Demain.
253. Demander.
254. Démâter.
255. Départ.
256. Dépêche.
260. Depuis.
261. Dérader.

262. Dernier.
263. Descendre.
264. Désemparer.
265. Détresse.
266. Donner.
300. Du.

E

301. Eau.
302. Eau douce.
303. Echouer.
304. Ecurie.
305. Effets.
306. Efforts. (Employez tous vos *efforts.*)
310. Tous les *efforts* ont été employés.
311. Elle.
312. Embarcation.
313. Embarquer.
314. Embellie.
315. Empêcher.
316. Employer.
320. En.
321. Encâblure.
322. Entraîner.
323. Entrer.
324. Envoyer.
325. Epuiser.
326. Equipage.
330. Essayer.
331. Et.
332. Eteindre, éteint.
333. Être.

F

334. Faible.
335. Faire.
336. Falloir, il faut.
340. Farine.
341. Fatigué. (L'équipage est *fatigué*.)
342. Favorable.
343. Temps ou mer *favorable*.
344. Feu.
345. Eteindre les *feux*.
346. Conserver les *feux*.
350. Fini. (Avoir *fini*.)
351. Fleuve.
352. Flot. (A *flot*.)
353. Fond. (A *fond*.)

G

354. Gandiole.
355. Gomme.
356. Gorée.
360. Gouvernail.
361. Gouverneur.
362. Gréement. (Avarie dans le *gréement*.)
363. Grossir.
364. Guet-Ndar.
365. Guetteur.

H

366. Haler.
400. Haut, haute.
401. Hélice. (Avarie dans l'*hélice*.)
402. Heure.
403. Hier soir.

404. Hier matin.
405. Homme.
406. Hôpital.

I

410. Il.
411. Il y a.
412. Il y a-t-il?
413. Il n'y a pas.
414. Impossible, impossibilité.
415. Impraticable.
416. Inconnu.
420. Informer. (*S'informer.*)
421. Inintelligibles. (Vos signaux sont *inintelligibles.*)
422. Inondé.
423. Insuffisant.
424. Interprète.
425. Inutile

J

426. Je.
430. Jour.
431. Jusant.

L

432. La.
433. Laisser.
434. Laptot.
435. Le, les.
436. Lest.
440. Lettre.
441. Lieu.
442. Long, longue.
443. Louis (Saint-Louis).
444. Louvoyer.

M

445. Machine.
446. Magasin général.
450. Maintenir. (Se *maintenir*.)
451. Majeure. (Avarie *majeure*.)
452. Malade, maladie.
453. Malheur.
454. Manœuvrer.
455. Manquer.
456. Maree.
460. Màture.
461. Mauvais.
462. Mer.
463. Mètre.
464. Mort.
465. Mouiller, mouillage.

N

466. Nager.
500. Navire.
501. Ne.
502. Nœud.
503. Non.
504. Noyé.
505. Nuit.

O

506. Observer.
510. Officier.
511. On.
512. Ordonner.
513. Oui.

P

514. Pain.
515. Paquet.
516. Partir.
520. Pas.
521. Passager.
522. Perdu.
523. Pouvoir.
524. Permettre.
525. Pirogue.
526. Pleine mer.
530. Pompe.
531. Port. (Capitaine du *port.*)
532. Poste de la barre.
533. Pour.
534. Praticable.
535. Prendre.
536. Préparer. (Se *préparer.*)
540. Prêt. (Être *prêt.*)
441. Profiter.

Q

542. Quand.
543. Quarantaine.
544. Que, qui.
545. Quel.
546. Quinine.

R

550. Rade.
551. Raisonner.
552. Ras de marée.
553. Refus, refusé.

554. Relâcher.
555. Relever.
556. Remonter.
560. Remorquer.
561. Réparer.
562. Ressource.
563. Rester.
564. Retard. (En *retard.*)
565. Réussir. (Avez-vous *réussi?*)
566. Rien.

S

600. Sable.
601. Saisir.
602. Salines.
603. Salut, saluer.
604. Sans.
605. Sauter.
606. Sauver. (Se *sauver.*)
610. Sauvetage.
611. Savoir.
612. Se.
613. Sec. (A *sec.*)
614. Secours.
615. Secret.
616. Sémaphore.
620. Servir.
621. Si.
622. Signaler, signal.
623. Soin. (Avoir *soin.*)
624. Sonder.
625. Sont.
626. Sortir.

630. Stationnaire.
631. Stationner.
632. Subsistance. (En *subsistance*.)

T

633. Talonne.
634. Tard. (Trop *tard*.)
635. Temps.
636. Tenir. (*Tenir* bon.)
640. Terminer.
641. Terre. (A *terre*.)
642. Touer. (Se *touer*.)
643. Tout, tous.
644. Transporter.
645. Travailler.
646. Travers. (En *travers*.)
650. Trop.

U

651. Urgent.
652. Utile.

V

653. Venir.
654. Vent.
655. Viande.
656. Vider.
660. Vin.
661. Vivres.
662. Voie d'eau.
663. Voir.
664. Vos, vôtre.
665. Vous.
666. Vue. (Hors de *vue*.)

Y

". Il y a.   (411)
". Il y a-t-il.   (412)
". Il n'y a pas.   (413)

SOCIÉTÉ ANONYME DU REMORQUAGE
SUR LA BARRE DU SÉNÉGAL.

AUTORISÉE PAR DÉCRET IMPÉRIAL DU **16** AOUT **1860.**

REMORQUAGE OBLIGATOIRE.

CAHIER DES CHARGES.

CONDITIONS DE L'ENTREPRISE.

ART. 8. Les concessionnaires de l'entreprise seront tenus d'entretenir constamment au Sénégal, en bon état de navigabilité, pour l'exécution du service qui leur sera confié, un bâtiment à vapeur, à aubes, ayant au plus 38 mètres de longueur de tête en tête et ne calant pas au-dessus de 2 mèt. 50 cent. avec son chargement.

Ce bâtiment devra être d'au moins 100 *chevaux de force effective et constante.* La préférence sera accordée aux soumissionnaires qui présenteraient le bâtiment à vapeur de la puissance la plus élevée.

Une commission spéciale formée à Bordeaux, par le ministre de l'Algérie et des colonies, sera chargée d'examiner si le bâtiment réunit toutes ces conditions ; une décision, rendue par le ministre, sur l'avis de cette commission, prononcera, s'il y a lieu, la concession définitive de l'entreprise.

ART. 9. Les adjudicataires devront être prêts à présenter le remorqueur à la commission ci-dessus désignée, dans un délai de six mois, à partir de la date de la notification de l'approbation du procès-verbal d'adjudication.

Faute par eux d'être, dans le délai voulu, en mesure de présenter le remorqueur à l'examen de la commission, ils seront passibles, au profit de la caisse coloniale du Sénégal, d'une amende de *dix mille francs*, sauf le cas de force majeure dûment justifié. Cette amende sera prononcée par le ministre.

ART. 10. Le navire définitivement accepté pour le service du remorquage devra être rendu au Sénégal, dans un délai maximum de trente jours, à partir de la notification de la décision aux concessionnaires, sauf le cas de force majeure dûment justifié.

Les concessionnaires seront passibles d'une amende de *cinq cents francs* par jour de retard ; à l'expiration du vingtième jour la concession deviendrait, de plein droit, nulle et non avenue.

Une décision du ministre prononcera également sur les dispositions prévues dans le paragraphe qui précède.

ART. 11. Si, après avoir été conduit au Sénégal, le navire remorqueur venait à cesser de remplir les conditions imposées par l'article 8, ou devenait impropre au service du remorquage, pour quelque raison que ce soit, les concessionnaires seraient tenus de pourvoir à son remplacement dans le délai d'une année, sous peine de voir leur marché résilié et la moitié du cautionnement acquise à la caisse coloniale du Sénégal

Si le service du remorquage venait à être interrompu par suite d'avaries éprouvées par le bâtiment remorqueur, ou de réparations courantes à lui faire subir, l'administration fixerait, de concert avec les concessionnaires, le délai nécessaire pour la mise en état du remorqueur. Pendant ce délai, les navires pourront entrer et sortir à la voile sans payer aucun prix de remorquage.

Faute par les concessionnaires d'avoir remis le remorqueur en état, dans le délai fixé, ils seront passibles d'une amende de *vingt-cinq* à *cent francs* par chaque jour de retard. Cette amende sera prononcée par le Gouverneur, en conseil d'administration.

Art. 12 Les concessionnaires de l'entreprise percevront sur tous les navires du commerce, à l'entrée et à la sortie, une rétribution qui est fixée ainsi qu'il suit :

Deux francs par tonneau de jauge légale;

Demi pour cent de la valeur du chargement, déterminée par les liquidations de droits établis par l'administration des douanes.

Art. 13. Conformément au décret du 5 mars 1859, le payement des rétributions fixées par l'article qui précède, est exigible de tous les navires du commerce qui entrent dans le fleuve ou qui en sortent, à l'exception des caboteurs de Saint-Louis et de Gorée. Ces derniers traiteront de gré à gré avec les concessionnaires, s'ils veulent être remorqués.

Art. 14. Dans le cas où il y aurait plusieurs navires attendant la remorque, sur la demande expresse du capitaine d'un de ces navires dont le tour de remorquage ne serait pas arrivé, un pilote pourra entrer ou sortir ce navire à la voile, s'il juge l'opération sans auaucun danger; le prix du remorquage n'en sera pas moins dû.

ART. 15. Les navires seront remorqués dans l'ordre de leur arrivée au mouillage, à moins que la question du tirant d'eau n'amène, de la part des pilotes, un changement à cet ordre.

ART. 16. Le prix du remorquage sera payable comptant à l'entrée et payable à l'avance à la sortie.

ART. 17. Les navires remorqués à l'entrée dans le fleuve seront pris au mouillage de la barre, tel qu'il est indiqué par les instructions officielles, et laissé à l'abri de la Pointe de Barbarie.

Les navires remorqués à la sortie seront pris au mouillage de la barre, et mis en dehors des passes.

Lorsqu'un navire remorqué sera laissé à la suite d'échouement ou de tout autre empêchement, dans une partie quelconque de la route, par le remorqueur, celui-ci sera obligé de revenir chercher ce navire quand la circonstance qui l'a fait abandonner n'existera plus, si l'état de la barre le permet d'après l'avis des pilotes.

ART. 18. Les grelins nécessaires au remorquage seront fournis par le navire à remorquer. Toutefois, le remorqueur sera tenu d'avoir constamment à bord les grelins et accessoires nécessaires en cas de besoin.

Dans le cas où les navires remorqués feraient usage de ces grelins, ils seront tenus de payer à la compagnie un prix de location déterminé par un arrêté du Gouverneur, suivant la capacité du bâtiment remorqué.

Ces grelins devront être maintenus en bon état de service.

Le capitaine de port les visitera aussi souvent qu'il le

jugera convenable, et les concessionnaires seront, dans le délai qui leur aura été assigné, et sous peine de 25 francs d'amende par jour de retard, tenus de pourvoir au remplacement des apparaux qui seraient jugés impropres au service.

Art. 19. Toutes les fois que la barre sera signalée praticable, le remorqueur sera tenu de faire le service.

En cas de refus, les concessionnaires seront passibles d'une amende de *mille à cinq mille francs*, qui sera prononcée par le Gouverneur, en conseil.

Art. 20. En cas de perte du navire remorqué, le prix du remorquage sera toujours dû.

Art. 21. La durée de la concession est fixée à *dix années*, à partir de la réception du remorqueur à Saint-Louis.

Art. 22. Demeurent à la charge des concessionnaires de l'entreprise, les frais d'impression du cahier des charges, à cent exemplaires, ainsi que de la soumission et du procès-verbal d'adjudication, les frais de timbre ; enfin les frais d'enregistrement du traité à intervenir.

Proposé à l'approbation du Ministre :

Le Directeur de l'intérieur,

Zœpffel.

Approuvé :

Paris, le 4 novembre 1859.

Le Ministre Secrétaire d'État de l'Algérie et des colonies.

Cte P. DE CHASSELOUP-LAUBAT.

PRIX DES GRELINS DE REMORQUE

QUI SERONT FOURNIS PAR L'ENTREPRISE.

(*Arrêté du* 29 *novembre* 1860.)

Nous, Gouverneur du Sénégal et dépendances,

Vu l'article 18 du cahier des charges de l'entreprise du remorquage à vapeur des navires du commerce à l'entrée et à la sortie du Sénégal, aux termes duquel nous avons à déterminer le prix de location des grelins qui seraient fournis en cas de besoin, aux navires remorqués par le bâtiment remorqueur;

Vu le procès-verbal de la commission nommée par notre décision du 21 novembre 1860, à l'effet de donner son avis sur les prix qu'il conviendrait d'adopter pour la location de ces grelins;

Sur le rapport de l'ordonnateur et le conseil d'administration entendu,

Avons arrêté et arrêtons ce qui suit :

ARTICLE 1er. Dans le cas où les navires remorqués, qui doivent fournir les grelins nécessaires au remorquage, feraient usage des grelins du bâtiment remorqueur, ils seront tenus de payer à la compagnie le prix de location déterminé ci-après, savoir :

Navires au-dessous de 100 tonneaux....... **20** fr.
Idem   de 100 à 200 tonneaux.. **25**
Idem au-dessus de 200 tonneaux....... **30**

ART. 2. Le présent arrêté sera inséré à la *Feuille* et

au *Bulletin officiels* de la colonie, et enregistré partout où besoin sera.

L. FAIDHERBE.

Par le Gouverneur :

L'Ordonnateur,

L. Stéphan.

CONDITIONS DU REMORQUAGE

LAISSÉES A LA FACULTÉ DE L'ENTREPRISE ET SUSCEPTIBLES DE MODIFICATIONS, SUIVANT LA POSITION DE LA BARRE.

Des navires du commerce autres que caboteurs de Saint-Louis et de Gorée.

ARTICLE 1er. Les navires du commerce qui voudront se faire remorquer, de la barre à Saint-Louis, devront en faire la demande au capitaine du remorqueur, qui appréciera si les obligations du service lui permettent d'accepter.

Si le remorquage est accordé, ils payeront en sus du prix du remorquage sur la barre :

1° Si les capitaines des navires à remorquer dans le fleuve en ont fait la demande en dehors de la barre au moment où le remorqueur prend les remorques ;

200 francs par navire de 100 tonneaux de jauge légale et au-dessous, et 2 francs par tonneau de jauge légale pour ceux au-dessus de ce tonnage.

2° Si la demande d'être remorqué jusqu'à Saint-Louis n'est faite qu'après que le remorqueur aura laissé les remorques ;

225 francs par navire de 100 tonneaux de jauge légale

et au-dessous, et 2 francs 25 centimes par tonneaux de jauge légale pour ceux au-dessus de ce tonnage.

Art. 2. Les navires de commerce qui voudront se faire remorquer de Saint-Louis à la barre, devront en faire la demande au directeur de l'entreprise qui appréciera s'il y a lieu d'accepter.

Si le remorquage est accordé, ils payeront en sus du prix du remorquage sur la barre :

200 francs par navire de 100 tonneaux de jauge légale et au-dessous, et 2 francs par tonneau de jauge légale pour ceux au-dessus de ce tonnage.

Art. 3. Si le remorqueur fournit ses grelins pour le remorquage de Saint-Louis à la barre ou *vice versâ*, les navires qui s'en serviront lui payeront la moitié du prix qui lui est alloué, quand il les fournit pour passer la barre.

Des caboteurs de Saint-Louis et de Gorée.

Art. 4. Les caboteurs qui voudront faire usage du remorqueur à la sortie, devront en faire la demande à Saint-Louis, au directeur de l'entreprise qui appréciera s'il y a lieu d'y souscrire.

Si le remorquage leur est accordé, ils payeront pour passer la barre :

1º S'ils sont sur l'est ou chargés de marchandises provenant de l'importation ;

500 francs tout compris par caboteur de 100 tonneaux de jauge légale et au-dessous ;

5 francs tout compris par tonneau de jauge légale, pour les caboteurs au-dessus de 100 tonneaux.

2º S'ils sont chargés de denrées ou animaux du pays, ils payeront pour passer la barre :

3 francs par tonneau de jauge légale quel que soit le tonnage du caboteur à remorquer ;

Un pour cent sur la valeur du chargement établie par les liquidations de douane.

Si le remorquage leur est accordé à l'entrée, ils payeront pour passer la barre :

1° S'ils sont sur l'est ou chargés de denrées de la côte ;

500 francs tout compris par caboteur de 100 tonneaux de jauge légale et au-dessous ;

5 francs tout compris par tonneau de jauge légale, pour les caboteurs au-dessus de 100 tonneaux.

2° S'ils sont chargés de marchandises provenant de l'importation ;

3 francs par tonneau de jauge légale quel que soit le tonnage du navire à remorquer ;

Un pour cent sur la valeur du chargement établie par les liquidations de douane.

ART. 5. Les caboteurs qui voudront se faire remorquer de la barre à Saint-Louis, ou de Saint-Louis à la barre, payeront si le remorquage leur est accordé :

200 francs s'ils font ou ont fait usage du remorqueur pour passer la barre ;

250 francs s'ils n'en font usage que dans le fleuve.

ART. 6. Si les caboteurs ont recours aux grelins du remorqueur, ils les payeront :

1° Pour passer la barre ;

20 francs pour ceux d'une jauge légale au-dessous de 100 tonneaux ;

25 francs pour ceux d'une jauge de 100 à 200 tonneaux ;

30 francs pour ceux d'une jauge au-dessus de 200 tonneaux.

2° Pour chaque remorquage dans le fleuve, la moitié du prix alloué à l'entreprise quand elle les fournit pour passer le barre.

ART. 7. Le bateau à vapeur employé aux remorquages ainsi que son équipage seront absolument sous la direction et aux ordres des pilotes qui conduiront les navires remorqués, ces derniers commanderont seuls la manœuvre ; en conséquence, tous soumissionnaires pour la remorque se constituent responsables, à l'égard des propriétaires du remorqueur, de toutes avaries ou dommages résultant aussi bien des fautes, barateries ou négligence que commettraient non seulement les pilotes, mais l'équipage du remorqueur placé sous leurs ordres, par le seul fait de la demande de remorquage et de la mise du bateau remorqueur à la disposition des pilotes chargés de la direction de ce remorquage.

Cette responsabilité est acceptée par tous soumissionnaires, au même titre et pour avoir les mêmes effets, que s'ils prenaient à leur charge comme assureurs, les faits de baraterie, impéritie ou négligence de tous préposés à la conduite, soit du remorqueur, soit des navires remorqués.

ART. 8. Les pertes et dommages que pourraient éprouver, soit le bateau remorqueur, soit les navires remorqués, soit tous autres navires, chaloupes ou bateaux, par suite de tous événements survenus en cours de remorquage, étant hors de toute proportion avec le prix du remorquage, même le plus élevé, il est expressément convenu (condition sans laquelle *l'entreprise du remorquage* ne se chargerait pas de remorquer les navires), qu'en aucun cas le bateau remorqueur, ses propriétaires, ni aucune des personnes composant son équipage, ne seront responsables des échouements, abordages, et en général, sans aucune exception, des événements, de quelque nature qu'ils soient et quelqu'en soit la cause, que pourront éprouver le bateau remorqueur ou les navires remorqués, ou qu'ils pourront occasionner à d'autres navires, chaloupes ou bateaux, soit pendant tout le temps que le bateau remorqueur se tiendra à la disposition des pilotes des navires remorqués.

La réparation de tous ces dommages demeurera exclusivement à la charge des propriétaires des navires remorqués.

Par suite, aucune action principale ou récursoire ne pourra être exercée contre le capitaine ou les propriétaires du bateau à vapeur, lesquels, au contraire, auront, dans tous les cas, recours et garantie contre les capitaines et les propriétaires des navires remorqués, à raison, soit de tous dommages soufferts par le bateau remorqueur, soit de toutes condamnations qui pourraient être prononcées directement contre le remorqueur au profit de qui que ce soit par suite d'avaries, abordages ou tous autres événements.

Il en sera ainsi, lors même que les capitaines ou les propriétaires des navires remorqués, ou tous autres réclamants, allégueraient et prétenderaient que l'événement et le dommage ne seraient arrivés que par l'insuffisance du bateau remorqueur, par la faute, l'impéritie ou la négligence des personnes composant son équipage, ou par suite de faits se rattachant à l'administration à vapeur, ou par défaut d'exécution des règlements de police auxquels ce bateau est soumis. Les présentes conditions ayant pour but et pour effet de déroger, comme en matière d'assurances maritimes, à l'égard des remorqués et en faveur du bateau à vapeur, aux dispositions des articles 1382 et suivants du Code civil; 407, 8, 2 et 3 du Code de commerce, ainsi qu'à toutes autres dispositions de la loi, en vertu desquelles une responsabilité quelconque pourrait peser sur le remorqueur, son capitaine ou ses propriétaires.

Les conditions qui précèdent seront également applicables aux bâtiments qui réclameraient le remorqueur au moyen d'un signal, ou qui recevraient accidentellement la remorque, soit en rade, soit en rivière, et qui, par cette raison, n'auraient pas préalablement signé les présentes conventions, leur acceptation résultant du seul fait de l'acceptation de la remorque et de la publicité qui pourra être donnée auxdites conditions.

Art. 9. Un registre d'inscription pour les navires à remorquer, est tenu dans les bureaux de l'entreprise; les remorquages auront lieu dans l'ordre de l'inscription, c'est-à-dire à tour de rôle.

Tout navire qui, après l'inscription, ne serait pas prêt à faire route à la marée qui aura été fixée, perdra son rang d'inscription et ne pourra reprendre son tour qu'après le dernier inscrit, à moins qu'un autre navire ne lui cède sa priorité.

Art. 10. Tout capitaine ou toute autre personne agissant pour lui, qui aura réclamé le remorquage, aura été inscrit et aura fixé la marée pour son départ, et qui voudra néanmoins profiter du vent favorable ou ne pas se servir du remorqueur, pour cette cause ou pour toute autre, payera la demi du prix moyennant lequel le remorquage promis devait avoir lieu.

Dans le cas où le remorqueur aurait chauffé ou se serait mis en route pour effectuer le remorquage réclamé, et que le capitaine ou ses préposés refuseraient son concours, il sera payé les deux tiers du remorquage.

L'entreprise aura droit à la totalité de la somme stipulée pour prix du remorquage entier, si la distance du trajet convenu a été parcouru pour rejoindre le navire.

ART. 11. Le renflouement des navires sera traité de gré à gré avec le directeur de l'entreprise.

ART. 12. Tout secours réclamé dont un navire ne fera pas usage, sera payé au remorqueur comme si l'opération avait eu lieu.

ART. 13. Le remorqueur aura toujours le droit de se refuser à tout travail qui lui présentera danger pour lui-même, et dont il sera juge, même après engagement.

ART 14. Le prix du remorquage ou renflouage, quel qu'il soit, sera payable en argent, cours en France, et avant tout mouvement, si le capitaine est étranger, à moins que le payement, dans les vingt-quatre heures, n'en soit garanti par l'armateur ou le consignataire du navire.

ART 15. Il n'est pris par le présent aucune obligation absolue, directe ou indirecte, et le remorqueur ne peut être contraint, par qui que ce soit autre que son directeur, de remorquer tel ou tel navire, soit à partir d'un port ou d'un mouillage quelconque, soit route faisant, à moins qu'il n'y ait eu engagement formel des propriétaires du remorqueur ou de son capitaine, ou inscription, à cet effet, du navire au bureau de l'entreprise. Les propriétaires du remorqueur, même après engagement pris, ne sont pas responsables des circonstances de tous genres qui pourraient porter obstacle au remorquage promis.

ART. 16. Le remorqueur sera toujours libre, après un premier engagement, d'en contracter un second pour remorquer un autre navire en même temps, soit pour la même destination, soit pour une autre dans la même direction.

ART. 17. Les parties conviennent que toutes les discussions et contestations directes ou indirectes sur l'exécution des présentes et leurs suites, quelles qu'elles soient, même toutes demandes en garantie, seront portées devant le tribunal de commerce de Saint-Louis. A cet effet, elles font élection de domicile, le directeur de l'entreprise en ses bureaux, et le capitaine dans les bureaux de son consignataire ou armateur, qui sera indiqué à l'engagement du remorquage.

Saint-Louis (Sénégal), le 10 février 1861.

Le Directeur de la société,

SAINT-MARTIN CARRÈRE.

Pour le Conseil d'administration de la société :

Son délégué,

G. CHAUMET.

EXTRAIT

DES RÈGLEMENTS

D'ADMINISTRATION ET DE POLICE

EN VIGUEUR AU SÉNÉGAL.

Police de la navigation.

Attributions du capitaine de port. — Police de la rade.

Le capitaine de port sera chargé, sous l'autorité de l'ordonnateur, de la police des port et rade relative à la marine marchande, et sous l'autorité du commandant supérieur de la marine, du service du port, pour tout ce qui concerne la marine impériale; il rendra compte, tous les jours, à l'ordonnateur, des mouvements des port et rade, et, au commandant supérieur, des travaux du port, ainsi que de tout le service qui a rapport à la marine impériale et au pilotage du fleuve et de la barre.

Dès qu'un navire sera en vue, le capitaine de port fera hisser le pavillon au mât du Gouvernement, réclamera au secrétariat du gouverneur une expédition de l'instruction adressée au capitaine de tout bâtiment demandant à communiquer avec la colonie, la remettra, ainsi que le baril aux lettres, au chef de Guet-Ndar, pour les faire parvenir à bord du navire signalé, et lui prescrira de porter, à son retour, au bureau de la poste, le baril aux lettres.

Le capitaine de port fera exécuter strictement, au besoin, les règlements sanitaires de la colonie, et rendra compte au Gouverneur, par forme de plainte, des infractions qui seraient commises à cet égard par les capitaines, marins ou passagers des navires arrivant dans la colonie.

Les pilotes de la barre sont sous les ordres directs du capitaine de port, qui relève, pour ce service, du commandant supérieur de la marine.

Le capitaine de port tient la main à ce qu'ils remplissent exactement leurs devoirs, tant en rade que dans le fleuve, et prescrit à ceux qui doivent diriger les navires jusqu'à Saint-Louis, de prévenir les capitaines et patrons : 1° qu'il ne doivent recevoir aucune embarcation particulière à bord ni communiquer avec la terre, à moins d'autorisation spéciale; 2° qu'ils doivent prendre les ordres de l'agent placé au poste de la barre et mouiller devant le fort, à leur arrivée à Saint-Louis (1); 3° enfin, qu'ils doivent se présenter au capitaine de port aussitôt leur arrivée à terre.

Les capitaines et patrons qui ne se conformeront pas à ces injonctions, seront passibles des pénalités déterminées par l'article ci-après :

Aussitôt que les capitaines et patrons, accompagnés des pilotes qui les auront dirigés, se présenteront au capitaine de port, celui-ci prendra note, sur un registre à ce destiné, des nom et espèce du bâtiment, des noms du capitaine, du patron et du consignataire, du nombre d'hommes d'équipage, de celui des passagers, du genre de cargaison, des lieux d'expédition, de la date d'arrivée et du tirant d'eau.

Le capitaine de port inscrira sur le même registre la déclaration des pilotes, relativement aux embarcations qui se seraient présentées à bord ou qui en auraient été détachées, avant le mouillage à Saint-Louis.

Le capitaine de port sera prévenu du placement de tous les navires et sera le juge naturel de toutes les contestations en matière de places disputées.

Il prescrira aux capitaines et patrons arrivant de se présenter immédiatement au gouverneur, et de déposer au bureau des classes et de la douane leurs papiers de bord ; enfin, il les préviendra qu'ils doivent aviser de leur départ le gouverneur et l'ordonnateur, quinze jours d'avance pour le long cours, et trois jours aussi d'avance pour le cabotage.

Avant de permettre d'accoster le quai, le capitaine de

____

(1) Les capitaines des navires, qui remontent à Saint-Louis, doivent éviter de mouiller sur le trajet du bac, qui fait le service du pont de Sor au marché aux arachides.

port exigera que les poudres et artifices, qui pourraient faire partie de la cargaison, soient déposés à la poudrière du Gouvernement; il veillera ensuite à l'amarrage et à ce que les navires conservent leurs places, afin de maintenir l'ordre et d'éviter les avaries.

Il indiquera les lieux de lestage et de délestage, et en surveillera les opérations, sans que les capitaines et patrons puissent se soustraire à son inspection.

Il indiquera également les lieux propres aux constructions, radoubs et démolitions des navires du commerce.

Il veillera à la conservation et à la propreté des quais, cales, etc ; empêchera qu'ils ne soient embarrassés et qu'on ne jette des décombres, pierres et autres objets dans le fleuve; il portera plainte, lorsqu'il y aura lieu, contre les contrevenants.

Aucun navire ou embarcation du commerce, quel que soit son tonnage, ne pourra être chauffé qu'avec l'autorisation et sous la surveillance immédiate du capitaine de port, qui désignera les lieux où l'opération devra se faire.

Le capitaine de port pourra couper, en cas de nécessité, les amarres que les capitaines ou patrons du commerce, présents à bord, refuseront de larguer, après injonctions verbales qu'il leur aura faites et réitérées.

Il pourra, toutes les fois que le service l'exigera, inviter les capitaines du commerce à se rendre dans son bureau, pour y prendre l'ordre et exécuter ce qu'il leur prescrira.

Il enjoindra aux capitaines et patrons de mettre pavillon les jours de dimanche et de fête, de même qu'en entrant et en sortant du port.

Il défendra aux capitaines de tirer des coups de canon, sur rade et dans le fleuve, à moins de détresse.

Il leur enjoindra de faire porter à l'hôpital, dans les vingt-quatre heures de l'invasion de la maladie, pour y être traités aux frais de l'armateur, ceux des matelots et autres gens de l'équipage qui auront des fièvres ou autres maladies dangereuses, sous peine d'une amende de 50 à 100 francs pour chaque individu indûment conservé à bord ou placé ailleurs.

Le capitaine de port enjoindra aux capitaines et patrons de veiller à ce que leurs marins soient rentrés à bord une demi-heure après la retraite.

Il surveillera, sous l'autorité du commandant supérieur de la marine, le dépôt de secours établi au poste de la barre.

Il en dirigera, d'après ses ordres, l'envoi et l'emploi, lorsqu'il y aura nécessité.

Il veillera à ce que les balises, tonnes ou bouées soient convenablement entretenues et placées.

Il s'assurera de la situation de la barre une fois par mois et toutes les fois qu'il y aura un fort ras de marée ; il rendra compte, chaque fois, de cette situation au gouverneur et au commandant supérieur de la marine.

Lorsqu'un bâtiment sera prêt à partir, le capitaine devra, vingt-quatre heures au moins avant le moment fixé pour le départ, demander un pilote au capitaine de port.

Le capitaine de port inscrira sur un registre, à ce destiné, le nom et l'espèce du bâtiment, les noms du capitaine ou patron et des consignataires, le nombre d'hommes d'équipage, le nombre des passagers, le genre de la cargaison, le lieu de destination, la date du départ et le tirant d'eau.

Le jour du départ, le capitaine de port, après avoir reconnu que les expéditions du navire sont en règle, délivrera un billet de passe, pour être remis au capitaine du poste de la barre, et préviendra le capitaine que si ce billet n'était pas remis au passage, le capitaine du poste de la barre serait autorisé à tirer, en avant, un coup de canon à boulet ; que si son bâtiment ou sa chaloupe ne manœuvrait pas pour accoster, le stationnaire tirerait dessus, et qu'il rembourserait à l'Etat le prix des charges.

Le présent article est applicable aux caboteurs, mais ils ne sont pas tenus de prendre un pilote pour descendre à la barre.

Toute contravention aux dispositions de la présente section, de la part des capitaines et patrons des navires, sera punie d'une amende de 5 à 100 francs, selon la gravité des cas, sans préjudice de plus fortes peines, s'il y a lieu.

Pilotage sur la rade de la barre et dans le fleuve.

Il sera établi deux pilotes pour le pilotage de la barre du Sénégal ; il y aura également des aspirants pilotes, dont le nombre ne pourra être moindre de deux ni excéder quatre ; ils seront destinés à seconder les pilotes et à les remplacer.

Pour être reconnus en leurs qualités, les pilotes européens porteront une ancre en argent de 0,050 millimèt. à la boutonnière ; les indigènes la porteront en sautoir.

Les pilotes sont placés sous l'autorité immédiate du capitaine du poste de la barre ; ils devront lui obéir en tout ce qu'il leur commandera pour le bien du service ; toutefois, les pilotes étant seuls responsables de la conduite des bâtiments, doivent rester seuls juges des circonstances et du moment où ils croiront pouvoir faire franchir la barre à un navire, soit à l'entrée, soit à la sortie, sans que le capitaine du poste puisse, en rien, s'immiscer dans cette partie du service.

Le personnel des pilotes, comme celui du poste, sont également, pour la police et la discipline, placés sous les ordres du capitaine de la barre.

Tout pilote convaincu d'avoir fait ou favorisé la fraude, d'avoir aidé ou assisté à la soustraction de marchandises à bord d'un bâtiment naufragé, sera signalé au gouverneur, par le commandant supérieur de la marine, pour être cassé, sans préjudice des autres peines qu'il aurait pu encourir.

Les deux pilotes de la barre sont indépendants l'un de l'autre ; cependant, ils doivent se concerter et s'entendre pour le bien du service. En cas de dissidence, le capitaine du poste devient juge de leur différend.

Les pilotes auront chacun leur chaloupe et leur personnel, qui sera de six laptots et un patron.

Si, dans l'intérêt du service, l'un des pilotes avait besoin du personnel ou du matériel appartenant à l'autre pilote, il ne pourrait s'en servir qu'avec l'autorisation de ce dernier ; en cas de refus, le capitaine du poste pourrait ordonner le prêt.

Le service du pilotage devra être muni d'une pirogue de barre en bon état ; elle sera à la charge des pilotes.

A l'arrivée d'un navire sur rade, le pilote devra communiquer avec lui, dès que l'état de la mer le permettra, afin de connaître son tirant d'eau, sa marche, ses qualités ou ses défauts.

Il ne fera franchir la barre qu'après avoir reçu ces renseignements.

Quand la barre sera belle et que le navire aura été

prévenu qu'il peut appareiller pour entrer ou sortir, une chaloupe de pilotage se tiendra en dehors des brisants par quatre brasses d'eau, et c'est là que le navire viendra prendre le pratique pour se diriger ensuite sur la chaloupe des pilotes, qui aura rejoint son poste sur les brisants.

Les pilotes seront tenus de piloter les navires de l'Etat de préférence à tous autres ; pour ce pilotage, ils ne pourront prétendre à d'autre salaire qu'à celui qui leur est alloué annuellement.

Ils doivent piloter les navires du commerce qui se présentent les premiers ; il leur est, en conséquence, défendu de préférer les plus éloignés aux plus proches à peine de 25 francs d'amende ; cependant, si l'un des bâtiments était en danger, les pilotes seraient tenus de l'aborder le premier.

Tout pilote qui entreprendra, étant ivre, de piloter un bâtiment, sera condamné à la perte de son salaire, à un mois de prison, et destitué en cas de récidive.

S'il manquait au respect que tout individu doit au capitaine qui commande, il serait puni, selon la gravité des cas, par le commandant supérieur de la marine.

Si le manque de respect était accompagné de voies de fait, le pilote serait arrêté, traduit devant le tribunal maritime commercial, et puni, conformément à l'article 63 du décret disciplinaire et pénal du 24 mars 1852, sur la marine marchande.

Tout pilote qui, s'étant chargé de conduire un bâtiment de l'Etat ou de commerce, et ayant déclaré en répondre, l'aura échoué ou perdu par négligence, par ignorance ou volontairement, sera jugé conformément à l'article 40 de la loi du 22 août 1790.

Il est expressément ordonné aux capitaines d'empécher que les pilotes éprouvent à leur bord de mauvais traitements, et il leur est défendu de contrarier, en aucune manière, la manœuvre commandée par le pilote.

Il est expressément défendu aux pilotes de quitter les navires venant de la mer, avant qu'ils ne soient ancrés en rade ou amarrés à quai, ainsi que d'abandonner ceux sortant du fleuve, avant de les avoir conduits en pleine mer, au delà des dangers, sous peine, dans l'un et l'autre cas, de la perte de leurs salaires, de 30 francs d'amende, de leur interdiction pendant quinze jours, et de plus fortes peines, s'il y a lieu.

Si, par suite du mauvais temps ou de toute autre cause, les pilotes sortant ou entrant un navire venaient à être retenus à bord, ils seraient, ainsi que leurs laptots, nourris par le capitaine et aux frais du bâtiment.

Il est défendu aux pilotes d'exiger, pour l'entrée ou la sortie des navires, des sommes plus fortes que celles portées à la présente section, si ce n'est, en cas de tourmente et de péril évident, auquel cas, les parties s'entendront pour l'indemnité qui devra être payée : s'il y a contestation, le tribunal prononcera.

Le pilote qui sera retenu à bord d'un bâtiment au delà du temps nécessaire pour la conduite du navire hors de danger, aura droit à la ration et à une gratification réglée à l'amiable, ou, en cas de contestation, par le tribunal de commerce.

Tout pilote qui aurait exigé un plus fort salaire que celui fixé par le règlement, sera condamné à la restitution du pilotage reçu et interdit pendant un mois ; en cas de récidive, il perdrait sa lettre de service.

Quelle que soit la force du vent ou de la mer, si la chaloupe du pilote, en abordant le navire, vient à recevoir des avaries ou à se perdre, par la faute du navire ou de sa manœuvre, les avaries ou la perte seront à la charge du bâtiment abordé.

Si un bâtiment venait d'un pays suspecté de contagion, qu'il ne pût conséquemment être admis à la libre pratique, le pilote le conduirait à l'endroit indiqué pour la quarantaine, sans communiquer avec lui, autant que possible, et lui ferait arborer le pavillon de quarantaine en tête du mât de misaine.

Si le navire n'avait qu'un mât, le pavillon serait placé à l'étai du beaupré, d'une manière visible.

Les frais de pilotage sont acquittés, par tonneau de jauge, comme il suit :

Navires d'Europe, à raison de *soixante-quinze centimes* par tonneau de jauge, pour les *cent* premiers tonneaux, et de *cinquante centimes* par tonneau, pour le nombre de tonneaux excédant.

Caboteurs, à raison de *soixante centimes* par tonneau de jauge.

Les alléges qui serviront au déchargement des navires mouillés en dedans du fleuve, comme celles employées au déchargement des navires mouillés sur la rade de la barre, ne payeront que *trente francs* par chaque voyage, entrée et sortie.

Toutefois, cette exception ne sera pas applicable aux alléges ayant servi au déchargement de navires qui n'entreraient pas dans le fleuve.

Tout bâtiment, quel qu'il soit, n'étant pas armé pour le service du Gouvernement, pour lequel les chaloupes auront été employées, payera, hors les cas de pilotage prévus, un droit de *vingt francs* pour chacune des chaloupes et par jour.

Ce droit appartiendra aux laptots des chaloupes.

Les pirogues envoyées à bord des navires venant d'Europe seront tenues, si les capitaines le requièrent, de laisser à bord un pilote côtier, qui recevra 5 francs par jour et les vivres.

Les capitaines des bâtiments qui monteront à Saint-Louis ou qui descendront à la barre, pourront faire cette navigation sans pilote; mais dans le cas où les capitaines exigeraient un pratique, ils le payeraient 5 francs par jour et les vivres.

Les sommes perçues en vertu du présent article formeront un fonds commun, qui sera partagé, par égales portions, entre les laptots composant l'équipage des deux chaloupes des pilotes.

Le pilote sera payé, après avoir rempli ses fonctions, sur mémoire du capitaine de port, à moins qu'il n'y ait des plaintes écrites portées contre lui devant l'administration de la marine, ou une action intentée devant le tribunal, pour son service.

Immatriculation des navires.

Les propriétaires de navires, bateaux, barques, alléges ou chalands employés à la navigation intérieure ou extérieure de la colonie, doivent faire inscrire, au bureau de la douane, le nom, le tonnage, l'équipement, l'âge présumé desdits bâtiments.

La douane leur délivrera un certificat constatant que cette déclaration a été faite et le numéro sous lequel l'enregistrement a eu lieu.

Les noms sous lesquels les navires, bateaux, barques, alléges, chalands et autres, auront été désignés et seront inscrits sur les matricules, ne pourront être changés.

Les propriétaires présents dans la colonie qui, dans le délai d'un mois, et ceux absents qui, dans les dix jours qui suivront leur arrivée, n'auront pas fait la déclaration prescrite par l'article précédent, seront punis d'amende ainsi qu'il suit :

Si le navire est ponté...................... 500 fr.
Si le navire n'est pas ponté............... 250

Les navires et bateaux qui seront à l'avenir construits soit dans les ports de la colonie, soit dans le fleuve, devront être déclarés à la douane dans les trois mois de leur mises à l'eau, à peine, contre les propriétaires, de l'amende portée au présent article.

Tout propriétaire de navire qui voudra en changer le nom, sera tenu d'en demander à l'avance l'autorisation à l'administration de la douane.

Lorsque cette autorisation aura été accordée, un avis, indiquant le nouveau nom substitué, et tous ceux successivement portés par le navire, depuis l'époque de sa mise à l'eau, sera inséré au *Journal officiel* de la colonie.

Le changement de nom, sur les papiers des bâtiments, ainsi que sur les enregistrements de l'administration, ne sera opéré que lorsque ces formalités auront été remplies.

Le vendeur ne sera déchargé de la soumission qu'il aura faite pour la représentation de son navire, que lorsque les mêmes engagements auront été pris par l'acheteur.

Droits de tonnage.

Le droit annuel de tonnage, sur les bâtiments immatriculés dans la colonie, est :

Pour les bâtiments de dix tonneaux et au-dessus, de 2ᶠ 50ᶜ par tonneau.

Pour les bâtiments au-dessus de dix tonneaux, de 1 25 par tonneau.

Chaland ponté de tout tonnage, par tonneau...... 2f 50c

Chaland non ponté, par tonneau................. 1 25

Ce droit sera liquidé et perçu par année et d'avance.

La moitié des droits liquidés et payés sera remboursée à tous propriétaires qui, avant le 1er juillet, auront fait à la douane une déclaration de mise à terre, de démolition ou de perte de leurs navires.

Les navires construits et mis à l'eau, et ceux francisés dans le courant de l'année, ne devront le droit de tonnage qu'à dater du premier jour du trimestre alors commencé.

Dans les cas prévus à l'article précédent, et, à défaut des déclarations et remises prescrites par ledit article, les droits de tonnage continueront à être liquidés à la charge des anciens propriétaires.

Francisation des navires.

Tout navire de trente tonneaux et au-dessus, quel que soit le genre de navigation auquel il est livré, doit être pourvu d'un acte de francisation, dans la forme déterminée par le décret du 27 vendémiaire an ii (28 octobre 1793).

Cet acte de francisation sera délivré par la douane.

Avant d'obtenir l'acte de francisation, le propriétaire souscrira et déposera au bureau de la douane une soumission cautionnée par un tiers agréé par l'administration, de 50 francs par tonneau, si le bâtiment est au-dessous de deux cents tonneaux, et de 60 francs par tonneau, s'il est au-dessus de deux cents.

Le propriétaire se soumettra, par le cautionnement dont il est parlé ci-dessus, sous peine de confiscation du montant des sommes énoncées audit cautionnement, et outre les condamnations qu'il pourrait encourir pour les faits de la navigation de son bâtiment :

1° A ne point vendre, donner, prêter l'acte de francisation qui lui aura été délivré, ainsi que les congés dont il sera parlé plus loin, ni autrement en disposer, ni en faire usage, que pour le service du bâtiment pour lequel ils sont accordés ;

2° A rapporter lesdits actes de francisation et congé au bureau qui les aura délivrés ou à justifier de leur perte, si le bâtiment est pris par l'ennemi, brûlé ou perdu de quelqu'autre manière, vendu en partie ou en totalité à un étranger ; et ce, dans les trois mois, si la perte ou la vente de la totalité ou partie du bâtiment a eu lieu en Afrique ou sur les côtes d'Afrique, dans les limites assignées au grand cabotage de la colonie par l'ordonnance royale du 31 août 1828, et dans six, neuf mois ou un an, suivant la distance des autres lieux de perte ou de vente.

Il sera payé, pour l'acte de francisation des bâtiments :

Au-dessous de cent tonneaux............... 9 fr.

Au-dessus de cent tonneaux et au-dessous de deux cents........ 18

Au-dessus de deux cents tonneaux et au dessous de trois cents............................. 24

Et pour chaque cent tonneaux au-dessus de trois cents............ 6

Un droit de 150 francs est imposé à tous navires étrangers, au-dessous de trente tonneaux, admis dans la colonie, au bénéfice de la francisation.

Ce droit sera de 5 francs, par tonneau de jauge, pour les navires au-dessus de trente tonneaux.

Si des navires, ainsi francisés, étaient expédiés pour la métropole ou pour d'autres colonies françaises, ils n'y jouiraient d'aucun privilége particulier et seraient traités comme navires étrangers.

Les ventes de navires ou parties de navires seront déclarées par le vendeur ou par l'acheteur, au bureau de la douane, qui en fera mention sur le registre servant à l'immatriculation des bâtiments et qui les inscrira, en outre, au dos de l'acte de francisation, ou si le bâtiment a moins de trente tonneaux, au dos du congé.

Lorsqu'un acte de francisation aura été perdu, le propriétaire, en affirmant la sincérité de cette perte, en obtiendra un nouveau, à la charge de fournir semblable cautionnement et de payer les mêmes droits que pour le premier.

Lorsqu'il y aura lieu de délivrer un nouvel acte de francisation, tous les noms que le bâtiment aura successivement portés y seront relatés.

Si, après la délivrance de l'acte de francisation, le bâtiment change de forme, tonnage ou de toute autre manière, le propriétaire sera tenu de se munir d'un nouvel acte de francisation ; autrement, le bâtiment sera réputé étranger et traité comme tel dans ses relations commerciales avec la colonie.

L'acte de francisation sera, dans les vingt-quatre heures de l'arrivée du bâtiment, déposé au bureau de la douane, et y restera jusqu'au départ.

Des congés.

Les bâtiments employés au grand cabotage et au long cours ne pourront prendre la mer qu'après s'être munis, au bureau de la douane, d'un congé qui sera renouvelé, tous les ans seulement, pour le grand cabotage, et, à chaque voyage, pour les bâtiments employés au long cours.

Au dos du congé annuel délivré pour le grand cabotage, la douane mentionnera l'arrivée et le départ du bâtiment, à chaque voyage.

Chaque congé sera payé 6 francs.

Si, après la délivrance du congé, le bâtiment change dans sa forme, tonnage ou de toute autre manière, le propriétaire sera tenu de se munir d'un nouveau congé ; autrement, le bâtiment sera réputé étranger et traité comme tel dans ses relations commerciales avec la colonie.

Le congé sera, dans les vingt-quatre heures de l'arrivée du bâtiment, déposé au bureau de la douane, et y restera jusqu'au départ.

Du rôle d'équipage.

Le rôle d'équipage est obligatoire pour tous bâtiments ou embarcations exerçant une navigation maritime.

Le rôle d'équipage est renouvelé, à chaque voyage, pour les bâtiments armés au long cours, et tous les ans, pour ceux armés au cabotage ou à la petite pêche.

Tout capitaine, maître ou patron, ou tout individu qui en fait fonction, est tenu, sur la réquisition de qui de droit, d'exhiber son rôle d'équipage, sous peine d'une amende de 500 francs, si le navire est armé au long cours, de 200 francs, si le bâtiment ou embarcation est armé au cabotage, et de 100 francs, s'il est armé à la petite pêche.

L'embarquement de tout individu qui ne figure pas sur le rôle d'équipage est punissable, par chaque individu embarqué, d'une amende de 300 francs, si le bâtiment est armé au long cours, de 50 à 100 francs, si le bâtiment ou embarcation est armé au cabotage, et de 25 à 50 francs, s'il est armé à la petite pêche.

Est punissable des peines portées en l'article précédent,

et sous les mêmes conditions, le débarquement, sans l'intervention de l'autorité maritime, de tout individu porté, à un titre quelconque, sur un rôle d'équipage.

Le nom et le port d'attache de tout bâtiment ou embarcation exerçant une navigation maritime seront marqués à la poupe, en lettres blanches de huit centimètres au moins de hauteur, sur un fond noir, sous peine d'une amende de 100 à 300 francs, s'il est armé au long cours, de 50 à 100 francs, s'il est armé au cabotage, et de 10 à 50 francs, s'il est armé à la petite pêche.

Défense est faite, sous les mêmes peines, d'effacer, altérer, couvrir ou masquer lesdites marques.

Les commissaires de l'inscription maritime, officiers et officiers-mariniers commandant les bâtiments et embarcations de l'État, les syndics des gens de mer, gardes maritimes et gendarmes de la marine, concourront à la recherche et à la constatation des infractions prévues par le présent paragraphe.

Les agents de l'administration des douanes concourront seulement à la constatation de celles que prévoit l'article précédent

Ces infractions, auxquelles ne seront point appliquées les dispositions de l'article 365, § 2, du Code d'instruction criminelle, seront poursuivies devant le tribunal correctionnel du lieu où elles auront été constatées.

Si la constatation a eu lieu en pays étranger, le procès-verbal, dressé par le consul ou l'officier commandant un bâtiment de l'État, sera transmis au tribunal correctionnel, dans le ressort duquel est situé le port d'attache du navire en contravention.

Cette transmission aura lieu par l'intermédiaire du commissaire de l'inscription maritime compétent, qui consignera sur le procès-verbal la date de sa réception.

Les procès-verbaux feront foi jusqu'à inscription de faux, ils devront être signés ; ils devront, en outre, et à peine de nullité, être affirmés, dans les trois jours de la clôture desdits procès-verbaux, par-devant le juge de paix du canton ou l'un de ses suppléants, ou par-devant le maire ou l'adjoint, soit de la résidence de l'agent instrumentaire, soit de celle où le délit a été constaté.

Ne sont point, toutefois, soumis à l'affirmation, les procès-verbaux dressés par les commissaires de l'inscription maritime, consuls et vice-consuls de France, officiers et officiers-mariniers commandant les bâtiments et embarcations de l'État.

Les poursuites ont lieu à la diligence du ministère public et aussi des commissaires de l'inscription maritime : ces officiers, dans ce cas, ont droit d'exposer l'affaire devant le tribunal et d'être entendus à l'appui de leurs conclusions.

Les poursuites seront intentées dans les trois mois qui suivront le jour où la contravention aura été constatée ou celui de la réception du procès-verbal dressé en pays étranger.

A défaut de poursuites intentées dans ce délai, l'action publique est prescrite.

Toutes les amendes appliquées en vertu des articles de la présente section seront prononcées solidairement tant contre les capitaines, maîtres ou patrons, que contre les armateurs des bâtiments et embarcations.

Le montant de ces amendes sera attribué à la caisse des invalides de la marine, et le cinquième en sera dévolu aux syndics des gens de mer, gardes maritimes, gendarmes de la marine et agents des douanes qui auront constaté la contravention.

Cette allocation ne pourra, toutefois, excéder 25 francs pour chaque infraction.

Douanes.

Tout capitaine devra, dans les vingt-quatre heures de son arrivée, et sous peine d'une amende de 100 francs, déposer à la douane ses papiers de bord.

Les marchandises françaises de toute nature et les marchandises étrangères, dénommées au tableau, seront admises au port de Saint-Louis au droit de *deux pour cent* de la valeur, lorsqu'elles seront importées par navires français des ports ou des entrepôts de France exclusivement.

Néanmoins, les bois, les fers et aciers non ouvrés, les tabacs et les poudres pourront aussi être introduits au port de Saint-Louis, par extraction de l'entrepôt de Gorée et par navire français, moyennant le même droit de *deux pour cent* de la valeur.

Les toiles bleues de l'Inde, dites guinées, continueront à n'être admises au Sénégal, sous le payement du droit susdit de *deux pour cent* de la valeur, qu'après avoir fait escale dans les entrepôts de France.

Les vins de Madère et de Ténériffe, importés directement sous pavillon français, payeront 25 centimes par hectolitre de liquide.

Les fruits, les légumes frais et les pierres des Canaries importés directement par des navires français, seront admis en franchise de tout droit.

Les produits du Sénégal ne pourront être exportés du port de Saint-Louis que par navires français et pour aucune autre destination que les ports de France ou des colonies françaises.

Ces exportations continueront à être soumises à un droit de *deux pour cent* de la valeur.

La navigation entre la France et le Sénégal et les rapports entre cet établissement et les autres possessions françaises d'Asie, d'Afrique et d'Amérique continueront d'avoir lieu exclusivement par navires français.

Les droits des marchandises qui ne seraient pas portées sur le tableau des prix courants, seront liquidés sur l'appréciation des acquits-à-caution, augmentés de 30 pour cent.

Les marchandises françaises ou autres admises au Sénégal, et provenant de sauvetage, seront reçues à Saint-Louis, après déclaration, et à la charge par le propriétaire d'en payer les droits aux taux des tarifs en vigueur dans la colonie.

Toute tentative d'introduction frauduleuse, en contravention au paragraphe précédent, sera punie conformément aux dispositions ci-après.

Le trésorier payeur est autorisé à recevoir le payement des droits d'entrée et de sortie en billets à ordre.

Les billets n'auront jamais plus de six mois d'échéance à partir du jour de l'entrée ou de la sortie des marchandises.

Ces billets ne seront admis en payement qu'autant que les droits à payer excèderont 300 francs.

Ils énonceront qu'ils ont pour objet l'acquittement des droits de douane : ils seront souscrits, cautionnés ou endossés par deux négociants d'une solvabilité notoire et domiciliés dans la résidence du trésorier, ou même par un plus grand nombre, si le trésorier l'exige.

Le trésorier qui aura reçu des billets à ordre sera responsable de leur payement : en dédommagement de cette responsabilité, il lui sera alloué par les débiteurs une remise d'un pour cent du montant du crédit, sans qu'il puisse en exiger ou même en recevoir une plus forte.

Le permis de débarquement des marchandises sera accordé sur le vu d'une soumission suffisamment cautionnée.

La durée des crédits pour la liquidation des droits est limitée à trente jours ; elle partira de la date de la déclaration.

La soumission mentionnée ci-dessus est signée par le redevable du droit crédité et par deux cautions s'engageant solidairement avec lui.

La remise à payer au trésorier par les débiteurs, est fixée à un quart pour cent du montant des droits liquidés.

Néanmoins, lorsque le payement aura lieu dans les trois jours de la liquidation des droits, il ne sera pas dû de remise.

Ne sera plus admis au crédit celui qui, dans le délai de trente jours fixé ci-dessus, n'aura pas satisfait au payement de la liquidation faite en conséquence de sa soumission.

Les marchandises avariées par suite d'événements de mer, et pour lesquelles une réfaction de droits aura été réclamée, pourront, à défaut de courtier du commerce, être vendues publiquement par le propriétaire ou le consignataire de la marchandise, objet de la réfaction.

Cette vente aura lieu, d'après un cahier des charges accepté par le chef du service des douanes et en présence de ce fonctionnaire ou de son représentant, après publications et affiches en la forme ordinaire.

Toute importation de marchandises prohibées, faite par terre ou par eau, dans la colonie du Sénégal et de ses dépendances, et toute introduction frauduleuse de marchandises admises à l'entrée et d'une valeur au-dessus de 100 francs, suivant le tarif, constitue le délit de contrebande.

Ces faits donneront lieu à traduire les délinquants devant le tribunal correctionnel, qui, indépendamment de la confiscation des objets de contrebande et des moyens de transport, prononcera solidairement contre eux une amende de 500 francs quand la valeur n'excèdera pas cette somme, et dans le cas contraire, une amende égale à la valeur de l'objet.

L'introduction frauduleuse de marchandises admises à l'entrée, et d'une valeur de 100 francs et au-dessous, sera punie de la confiscation qui, alors, sera prononcée administrativement.

Si l'importation prohibée ou frauduleuse a été faite avec attroupement et port d'armes, elle entraînera :

1° La confiscation des marchandises et des moyens de transport ;

2° Une amende solidaire de 1,000 francs, si l'objet de la confiscation n'excède pas cette somme, ou du double de la valeur des objets confisqués, si cette valeur excède 1,000 francs ;

3° Un emprisonnement qui ne pourra être moindre de six mois ni excéder trois ans.

Le tout sans préjudice des peines plus graves portées par le Code pénal, dans le cas de rébellion.

L'exportation frauduleuse de la gomme ou de tout autre produit du Sénégal réservé à la France, quelle que soit la quantité exportée, constitue également délit de contrebande, et sera punie, suivant les circonstances du délit, des peines portées par les articles qui précèdent.

Les propriétaires des marchandises ou des moyens de transport saisis seront responsables civilement du fait de leurs agents, capitaines de navires, maîtres ou patrons, matelots et domestiques, en ce qui concerne les droits, confiscations, amendes et dépens.

Deux préposés de l'administration des douanes, deux employés du Gouvernement, civils ou militaires, ou deux habitants du Sénégal, suffisent pour constater les contraventions.

Ceux qui procèderont aux saisies conduiront ou feront conduire immédiatement les objets saisis au bureau de la douane, et ils y rédigeront leur procès-verbal sur-le-champ.

Il sera agi de même à l'égard des moyens de transport autres que les bâtiments de mer ; ceux-ci seront conduits et amenés devant le port.

Les procès-verbaux énonceront la date et la cause de la saisie, — la déclaration qui en aura été faite au prévenu, — les nom, qualité et demeure des saisissants, — l'espèce, poids ou nombre des objets saisis, — la présence de la partie à leur description, ou la sommation qui lui aura été faite d'y assister, — le nom et la qualité du gardien auquel l'objet saisi aura été commis, — le lieu de la rédaction du rapport et l'heure de sa clôture.

Dans le cas où le motif de la saisie portera sur le faux ou l'altération des expéditions, le procès-verbal énoncera le genre de faux, les altérations ou les surcharges.

Lesdites expéditions signées et paraphées par les saisissants, *ne varientur*, seront annexées au procès-verbal, qui contiendra la sommation faite à la partie de les signer et sa réponse.

Il sera offert mainlevée par l'administration des douanes, sans caution solvable ou en consignant la valeur des marchandises saisies autres que celles dont l'importation est prohibée, ainsi que des moyens de transport.

Cette offre, ainsi que la réponse de la partie, sera mentionnée au procès-verbal.

La mainlevée ne pourra jamais être accordée pour les marchandises dont l'importation est prohibée, ni pour les objets qui auraient servi au transport de ces marchandises.

Si le prévenu est présent, le procès-verbal énoncera qu'il lui en a été donné lecture ; qu'il a été interpellé de le signer, et qu'il en a incontinent reçu une copie, avec citation à comparaître, dans les trois jours, devant le tribunal correctionnel.

Si le prévenu est absent, la copie du procès-verbal sera affichée à la porte du bureau de la douane.

La citation lui sera, alors, donnée à domicile, et, à défaut d'un domicile certain, au domicile du maire.

Le procès-verbal qui relatera la description des marchandises sera rédigé sur le lieu de la saisie, en présence du fonctionnaire requis pour assister à la visite, et mentionnera que cette formalité a été remplie.

Ces saisies ne pourront, dans aucun cas, être effectuées la nuit, c'est-à-dire de six heures du soir à six heures du matin.

Les marchandises dont l'importation n'est pas prohibée ne seront pas déplacées, pourvu que la partie donne caution solvable pour leur valeur.

Si la partie ne fournit pas caution, ou s'il s'agit d'objets prohibés, les marchandises seront transportées au bureau de la douane.

A l'égard des saisies faites sur les bâtiments de mer

11

pontés, lorsque le déchargement ne pourra avoir lieu de suite, les saisissants apposeront les scellés sur les ferrements et écoutilles des bâtiments.

Le procès-verbal, qui sera dressé au fur et à mesure du déchargement, fera mention du nombre, des marques et des numéros des ballots, caisses et tonneaux.

La description en détail ne sera faite qu'au bureau, en présence de la partie ou après sommation d'y assister.

Il lui sera donné copie à chaque vacation.

L'apposition des scellés sur les portes, ou d'un plomb ou cachet sur les caisses ou ballots, aura lieu toutes les fois que la continuation de la description sera renvoyée à une autre séance.

Les procès-verbaux de saisie seront affirmés au moins par deux des saisissants devant le président du tribunal, dans le délai donné au prévenu pour comparaître.

L'affirmation énoncera qu'il en a été donné lecture aux affirmants.

Les procès-verbaux ainsi rédigés et affirmés, lorsqu'ils auront été faits par les préposés des douanes ou tous autres employés du Gouvernement, civils ou militaires, seront crus jusqu'à inscription de faux.

Le tribunal ne pourra admettre contre lesdits rapports, ni la preuve par témoins, ni aucune nullité résultant de l'omission des formalités prescrites par les articles précédents, à moins que le vice de forme signalé par le saisi ne soit reconnu lui porter préjudice.

A l'égard des procès-verbaux dressés par des personnes qui n'appartiennent pas au service, le tribunal pourra admettre contre lesdits rapports la preuve par témoins.

Les procès-verbaux, après avoir été affirmés, seront

transmis par le directeur de la douane au ministère public, qui y donnera immédiatement suite devant le tribunal correctionnel.

Néanmoins, l'administration des douanes poursuivra, en son nom, la condamnation.

Au jour indiqué pour la comparution, le tribunal entendra la partie, soit par elle-même, soit par son fondé de pouvoirs, et sera tenu de rendre immédiatement son jugement.

Si la plainte constate un délit qui donne lieu à prononcer l'emprisonnement, le tribunal ordonnera la comparution de la partie en personne.

Si la partie fait défaut, le tribunal sera également tenu de rendre son jugement.

Si les circonstances de la saisie nécessitent un délai, ce délai ne pourra excéder trois jours, et, dans ce cas, le jugement de renvoi pourra autoriser la vente des marchandises sujettes à dépérissement, ainsi que celles des bêtes de somme ou tous autres moyens de transport.

La partie saisie et tout intervenant seront tenus, lors de leur comparution, de faire élection de domicile dans la ville où siége le tribunal. Tous actes de procédure subséquents, tels que signification de jugement, d'actes d'appel et d'arrêt, à la requête de l'administration des douanes ou du ministère public, pourront être faits au domicile élu.

Il est expressément défendu aux juges :

1° De donner mainlevée provisoire des marchandises ou des moyens de transport saisis sous d'autres conditions que celles établies par l'article ci-dessus ;

2° D'excuser les délinquants sur l'intention ;

3° De modérer les droits, les confiscations ou l'amende.

L'instruction sera publique, à peine de nullité, et faite conformément à l'article 190 du Code d'instruction criminelle.

Le jugement sera prononcé immédiatement dans les formes prescrites par les articles 194, 195, 196 et 197 du même Code.

L'amende déterminée par les articles ci-dessus étant proportionnelle à la valeur des objets saisis, ladite valeur sera réglée avant le jugement, par experts convenus, de gré à gré, entre l'administration et la partie, ou nommés immédiatement d'office par le tribunal.

Les dispositions du Code d'instruction criminelle seront suivies pour former, soit de la part de l'administration, soit de la part de la partie, opposition au jugement par défaut ou appel des jugements rendus ; mais le délai de l'assignation, sur appel, sera réduit à trois jours, avec augmentation de temps calculée sur la distance du domicile, à raison d'un jour par myriamètre de ligne droite.

Si le fait est de nature à mériter une peine afflictive ou infamante, le tribunal pourra donner de suite le mandat de dépôt ou le mandat d'arrêt, et il renverra le prévenu devant le juge d'instruction compétent.

Lorsqu'il y aura, de la part de l'administration, appel de jugement rendu en faveur des prévenus, la mainlevée des confiscations ne sera donnée, qu'au préalable, ceux au profit desquels lesdits jugements auront été rendus, n'aient donné bonne et suffisante caution de leur valeur.

Dans aucun cas, la mainlevée ne s'étendra aux marchandises dont l'entrée est prohibée.

Dans le cas où, à raison de vice de forme, il y aura

lieu, au tribunal, d'annuler un rapport ou procès-verbal portant saisie d'objets prohibés ou introduits frauduleusement, et, lorsqu'il aura été reconnu, par l'aveu de la partie ou par experts, que les objets saisis sont de la classe de ceux dont l'introduction est prohibée ou soumise à un droit dont la fraude tendait à éluder le payement, le tribunal devra en prononcer, séance tenante, la confiscation, mais sans que la confiscation s'étende aux moyens de transport, ni qu'il puisse être prononcé d'amende.

Celui qui voudra s'inscrire en faux contre un procès-verbal sera tenu d'en faire la déclaration par écrit, en personne ou par un fondé de pouvoir spécial, au plus tard à l'audience indiquée par la sommation de comparaître devant le tribunal qui doit connaître de la contravention.

Il devra, dans les trois jours suivants, faire au greffe dudit tribunal le dépôt des moyens de faux, et des noms et des qualités des témoins qu'il voudra faire entendre : le tout, à peine de déchéance de l'inscription de faux.

Cette déclaration sera reçue par le juge, dans le cas où le déclarant ne saurait écrire ni signer.

Dans le cas d'une inscription de faux contre un procès-verbal constatant une fraude, si l'inscription de faux est faite dans le délai et suivant la forme prescrite par l'article précédent, et en supposant que les moyens de faux, s'ils étaient prouvés, détruisissent l'existence de la fraude à l'égard de l'inscrivant, le ministère public, près le tribunal saisi de l'affaire, fera les diligences convenables pour y faire statuer le délai.

Il sera sursis au jugement du délit jusqu'après le jugement de l'inscription de faux, et, néanmoins, en vertu du paragraphe de l'article ci-dessus. Le tribunal pourra ordonner provisoirement la vente des marchandises sujettes à dépérissement, ainsi que celles des moyens de transport.

Lorsque l'inscription de faux n'aura pas été faite dans le délai et suivant la forme déterminée par l'article ci-dessus, il sera, sans y avoir aucun égard, passé outre à l'instruction et au jugement de l'affaire.

Les condamnations contre plusieurs personnes pour un même fait de fraude seront solidaires, tant pour la restitution du prix des marchandises confisquées dont la remise provisoire n'aurait été faite que pour l'amende et les dépens.

Les jugements portant confiscation seront exécutés par corps, tant contre la partie condamnée que contre la caution, dans le cas où, conformément à l'article ci-dessus, il s'en serait présenté une qui aurait reçu mainlevée provisoire des objets saisis.

La contrainte par corps sera également exercée contre la partie condamnée pour le payement de l'amende et des frais de jugement.

Néanmoins, la partie condamnée ne pourra, pour cet objet, être détenue plus de quinze jours, si elle justifie de son insolvabilité.

Les objets saisis ne pourront être revendiqués par les propriétaires, ni le prix, qu'il soit consigné ou non, réclamé par aucun créancier même privilégié, sauf recours contre les auteurs de la fraude.

Dès que le jugement sera devenu exécutoire, les objets saisis seront vendus publiquement à la diligence de l'administration des douanes qui en annoncera la vente par affiches apposées, cinq jours à l'avance, au greffe, à la porte des bureaux de l'administration et à celle de l'hôtel du Gouvernement.

Les objets dont l'importation est prohibée seront vendus à charge d'être réexportés dans le mois qui suivra la vente.

La remise n'en sera faite à l'acheteur que pour, lesdits objets, être portés immédiatement à bord d'un navire en partance; le capitaine du bâtiment sera, en outre, tenu de représenter les objets à l'agent de la douane placé au poste de la barre.

Tout préposé des douanes qui serait convaincu d'avoir sciemment favorisé la contrebande, ou d'avoir reçu à cet effet, quelque récompense, gratification ou présent, sera puni des peines prononcées par le Code pénal.

Tout négociant ou commissionnaire qui aurait été impliqué, soit par son propre fait, soit par celui de ses agents, dans un jugement rendu en matière de contrebande, pourra, indépendamment des peines portées par les articles précédents, être privé, par un arrêté spécial du gouverneur, de la faculté d'entrepôt, ainsi que de tout crédit pour payement des droits de douane.

L'administration des douanes est autorisée à transiger sur les procès relatifs aux faits de contrebande, soit avant, soit après le jugement.

Toute transaction mettra à la charge de la partie le payement de tous les frais faits jusqu'au jour où elle aura été approuvée.

La faculté de transiger est interdite :

1° Lorsqu'il s'agira de guinées ou de poudre d'origine anglaise :

2° Lorsque le rapport des saisissants relatera des voies de fait par les prévenus, contre eux ;

3° Lorsque l'introduction prohibée ou frauduleuse aura été faite ou tentée avec les circonstances prévues par l'article ci-dessus.

Les transactions arrêtées par le directeur de la douane ne seront exécutoires que lorsqu'elles auront été approuvées par le Gouverneur, qui prendra préalablement l'avis du conseil d'administration.

Elles seront ensuite communiquées au ministère public, dans le cas où il y aurait eu un commencement d'instruction.

Toute personne qui s'opposera à l'exercice des préposés des douanes, sera condamnée à une amende de 500 francs.

Dans le cas où il y aurait voies de fait, il en sera dressé procès-verbal, qui sera adressé au ministère public pour poursuivre les coupables et leur faire infliger les peines portées par le Code pénal contre ceux qui s'opposent, avec violence, à l'exercice des fonctions publiques.

Le prix des effets confisqués et de l'amende, ou le montant de la transaction, seront répartis entre les employés des douanes et les autres saisissants, conformément à l'arrêté local du 15 février 1824.

Patentes et licences.

Capitaines et subrécargues vendant à terre ou à bord.

Les capitaines ou subrécargues, vendant à terre ou à bord leurs cargaisons en gros ou en détail, seront soumis à prendre une patente, dont le montant sera déterminé d'après la valeur des marchandises, dont le manifeste leur attribuera la propriété ou la consignation.

L'estimation des marchandises sera faite d'après le tarif des droits d'entrée.

Les droits de cette patente sont dus pour chaque voyage spécialement, quelle que soit la durée du séjour dans la colonie.

Ils sont fixés comme suit : pour une cargaison au-dessus de 10,000 francs, à la somme de 300 francs; pour une cargaison de 10,000 francs à 1,000 francs, à la somme de 200 francs.

Lorsque, dans le même voyage, les capitaines auront payé des droits de patente à Gorée, ceux qu'ils auront à acquitter à Saint-Louis seront : pour une cargaison au-dessus de 10,000 francs, d'une somme de 150 francs; pour une cargaison de 10,000 francs à 1,000 francs, d'une somme de 100 francs.

Au-dessous de 1,000 francs, les marchandises seront considérées comme simple pacotille appartenant au capitaine ou au subrécargue qui, dans ce cas, ne sera tenu à aucun droit de patente.

Tout gérant de cargaison qui vendra, dans les magasins, d'autres marchandises que celles dont il aura fait la déclaration au bureau de la douane, sera puni d'une amende fixée au taux annuel du droit de patente affecté au genre de commerce dans lequel il aurait été classé.

Les droits de patente acquis au trésor, en vertu du présent article, seront établis par l'administration sur le vu du manifeste et d'après l'état de liquidation des droits d'entrée.

Toute personne qui aura exercé un commerce supérieur à celui dont elle aura pris la patente, sera tenue de payer la différence du prix de la patente, plus une amende égale à cette différence.

De la poste aux lettres.

Le directeur de la poste aux lettres est spécialement et exclusivement chargé de l'expédition et de la distribution des lettres.

Les capitaines, quel que soit leur point de départ, seront, à leur arrivée au Sénégal, tenus de remettre au bureau de la poste, par la première occasion, les lettres et les paquets qu'ils auront à leur bord.

Il sera payé aux capitaines des navires faisant la navigation au long cours, chargés du transport des objets de correspondance, 10 centimes par lettre.

Cette taxe sera acquittée par le bureau du port de débarquement.

Elle ne sera pas due pour les lettres provenant des lieux placés dans les limites du grand cabotage de la colonie.

Il sera donné connaissance aux capitaines des dispositions ci-dessus par la pirogue envoyée à bord.

Les capitaines, maîtres ou patrons seront tenus, avant leur départ de la colonie, de se présenter au bureau de la poste, pour y prendre les lettres et paquets.

Le permis d'appareiller ne leur sera donné qu'autant qu'ils justifieront, par un certificat du directeur de la poste, qu'ils ont rempli cette formalité.

ARRÊTÉ *fixant le prix des passages à bord des bâtiments de la marine impériale, pour les passagers civils allant dans les postes du fleuve, de Saint-Louis à Gorée, et dans les établissements du sud et vice versâ.*

Saint-Louis, le 24 décembre 1861.

Nous, Gouverneur du Sénégal et dépendances,

Vu l'article 51 de l'ordonnance organique du 7 septembre 1840 ;

Vu l'ordonnance royale du 26 avril 1845 ;

Sur le rapport de l'ordonnateur et le conseil d'administration entendu,

Avons arrêté et arrêtons ce qui suit :

Article 1ᵉʳ. Afin de faciliter les relations qui existent entre Saint-Louis et les postes du haut du fleuve, il sera réservé à bord de chaque bâtiment à vapeur de la marine impériale, faisant par quinzaine le service de courrier, un certain nombre de places pour les particuliers voyageant à leurs frais.

Le nombre de passagers civils que pourra prendre chaque bâtiment sera fixé par le Gouverneur.

Art. 2. Les passagers voyageant à leurs frais seront divisés en deux classes :

La première comprendra les personnes autorisées à séjourner entre le grand mât et l'arrière du navire ;

La seconde sera composée des personnes devant se tenir entre le grand mât et l'avant.

Art. 3. Ces passagers devront pourvoir eux-mêmes à leur nourriture.

Afin de leur procurer à cet égard toutes les facilités compatibles avec la tenue du bord, l'entreprise de la nourriture des passagers, pendant les voyages, sera mise en adjudication, et l'adjudicataire embarquera sur chaque bâtiment et à chaque départ, un agent chargé spécialement du service des passagers et de la préparation de leurs aliments. Ce pourvoyeur sera muni de quelques approvisionnements, afin de pouvoir fournir aux personnes qui le désireraient divers objets, tels que bouillon, café, rafraîchissements, etc.

Art. 4. Il sera affecté au pourvoyeur un local particulier pour loger ses ustensiles et ses provisions, et un fourneau pour la préparation des aliments.

Art. 5. Conformément au paragraphe 2 de l'article 3 ci-dessus, il sera établi un cahier des charges pour l'entreprise de la nourriture des passagers.

Un tarif arrêté par l'administration locale et annexé audit cahier des charges, réglera le prix des repas ou des rafraîchissements fournis par le pourvoyeur, ainsi que l'indemnité qui lui sera due par les passagers pour rémunération des services qu'il sera appelé à leur rendre pendant la durée du voyage.

Art. 6. Tout trafic de la part du pourvoyeur avec l'agent des vivres est sévèrement interdit et devra être rigoureusement réprimé.

Art. 7. Le pourvoyeur ne pourra embarquer que les vins et les liqueurs spiritueuses dont le capitaine aura autorisé l'introduction à bord.

Art. 8. Il est défendu au pourvoyeur de vendre du vin, des liqueurs fermentées ou spiritueuses à l'équipage et aux passagers militaires. Toute infraction à cette règle rendra l'entrepreneur passible d'une amende de 20 à 100 francs, qui sera prononcée par les tribunaux.

En cas de récidive, son marché pourra être résilié.

Art. 9. Tous les individus admis comme passagers à bord des bâtiments à vapeur, seront soumis aux mesures d'ordre et de police établies par les règlements en usage à bord des bâtiments de l'Etat.

L'extrait du présent règlement, en ce qui concerne les passagers, sera affiché au bureau des revues, au bureau de la poste et au pied du grand mât du bâtiment.

Art. 10. Le prix du passage, non compris la nourriture, sera établi d'après le tarif ci-après :

	SAINT-LOUIS.	RICHARD-TOLL.	DA-GANA.	PODOR.	SALDÉ.	MATAM.	BAKEL.
	fr. c.	fr. c.	fr. c.	fr. c.	fr. c.	fr. c.	fr. c.
1re CATÉGORIE.							
Saint-Louis.......	//	10 00	15 00	20 00	30 00	40 00	50 00
Richard-Toll......	10 00	//	5 00	10 00	20 00	30 00	40 00
Dagana...........	15 00	5 00	//	5 00	15 00	25 00	35 00
Podor............	20 00	10 00	5 00	//	10 00	20 00	30 00
Saldé	30 00	20 00	15 00	10 00	//	10 00	20 00
Matam	40 00	30 00	25 00	20 00	10 00	//	10 00
Bakel...........	50 00	40 00	35 00	30 00	20 00	10 00	//
2e CATÉGORIE.							
Saint-Louis.......	//	5 00	7 50	10 00	15 00	20 00	25 00
Richard-Toll......	5 00	//	2 50	5 00	10 00	15 00	20 00
Dagana...........	7 50	2 50	//	2 50	7 50	12 50	17 50
Podor............	10 00	5 00	2 50	//	5 00	10 00	15 0
Saldé	15 00	10 00	7 50	5 00	//	5 00	10 00
Matam	20 00	15 00	12 50	10 00	5 00	//	5 00
Bakel	25 00	20 00	17 50	15 00	10 00	5 00	//

Art. 11. Chaque passager sera admis à embarquer les effets à son usage dont le poids ne devra pas excéder 30 kilogrammes.

Il sera autorisé à embarquer en outre les effets de couchage qui lui seront nécessaires pour la traversée.

Art. 12. Tout transport de marchandises, même sous forme de bagages, est formellement interdit : pour prévenir à cet égard toute contravention, les malles et les effets pourront être visités par le capitaine d'armes. L'or ne sera pas considéré comme marchandises.

Art. 13. La perception du prix de passage sera faite à Saint-Louis, avant l'embarquement, par le receveur des postes, lequel délivrera au voyageur, sur le vu de son passeport, un bulletin d'embarquement extrait d'un cahier à souche, indiquant la classe dans laquelle il sera placé à bord.

Quand au prix de la nourriture, les passagers auront à l'acquitter directement entre les mains du pourvoyeur.

Art. 14. Dans les postes, le prix du passage sera perçu de la même manière avant l'embarquement, par les commandants des postes.

La liste des passagers auxquels auront été délivrés des bulletins d'embarquement, sera remise par le receveur des postes à l'ordonnateur, la veille du départ de chaque bâtiment, avant 5 heures du soir.

Les listes des passagers embarqués dans les postes seront transmises à l'ordonnateur par les commandants des postes.

Art. 15. Une copie de ces listes sera donnée au capitaine du bâtiment, qui se fera remettre le bulletin d'embarquement dont chaque passager doit être pourvu.

Art. 16. Des passagers à leurs frais pourront être également embarqués sur les bâtiments à vapeur, se rendant de Saint-Louis à Gorée et *vice versâ*, et de Gorée dans les établisssments du Sud.

Le prix du passage (non compris la nourriture, qui sera à la charge des passagers) est fixé de la manière suivante :

De Saint-Louis à Gorée et *vice versâ*	1re classe...	20 francs.
	2e classe....	10

Le prix du passage de Gorée aux comptoirs du bas de la côte, et réciproquement, est fixé conformément au tableau ci-contre :

	GORÉE.	PORTU-DAL.	JOAL.	KAO-LAKH.	GAM-BIE.	CARA-BANE.	SEDHIOU.
	fr. c.	fr. c.	fr. c.	fr. c.	fr. c.	fr. c.	fr. c.
1re CATÉGORIE.							
Gorée............	//	10 00	15 00	25 00	50 00	40 00	50 00
Portudal.........	10 00	//	5 00	15 00	20 00	30 00	40 00
Joal.............	15 00	5 00	//	10 00	15 00	25 00	35 00
Kaolakh.........	25 00	15 00	10 00	//	5 00	15 00	25 00
Gambie.........	30 00	20 00	15 00	5 00	//	10 00	20 00
Carabane........	40 00	50 00	25 00	15 00	10 00	//	10 00
Sedhiou.........	50 00	40 00	35 00	25 00	20 00	10 00	//
2e CATÉGORIE.							
Gorée............	//	5 00	7 50	12 50	15 00	20 00	25 00
Portudal.........	5 00	//	2 50	7 50	10 00	15 00	20 00
Joal.............	7 50	2 50	//	5 00	7 50	12 50	17 50
Kaolakh.........	12 50	7 50	5 00	//	2 50	7 50	12 50
Gambie.........	15 00	10 00	7 50	2 50	//	5 00	10 00
Carabane........	20 00	15 00	12 50	7 50	5 00	//	5 00
Sedhiou.........	25 00	20 00	17 50	12 50	10 00	5 00	//

Toutes les dispositions relatives à la police des passagers sur les bâtiments navigant dans le fleuve, sont applicables à ceux allant à Gorée et dans les comptoirs du Sud ou en revenant.

ART. 17. Les enfants au-dessous de 5 ans ne payeront aucun prix de passage.

ART. 18. Le présent arrêté sera enregistré partout où besoin sera, et inséré à la *Feuille* et au *Bulletin officiels* de la colonie.

JAURÉGUIBERRY.

Par le Gouverneur :

L'Ordonnateur,

L. STÉPHAN.

Des passeports et des passagers.

Des passeports.

Nul, s'il est étranger au service du Gouvernement, ne pourra sortir du Sénégal sans être pourvu d'un passeport délivré, pour la France, les colonies françaises et l'étranger, par le gouverneur, pour Gorée et l'intérieur du fleuve, par le maire.

Le prix d'un passeport pour la France, les colonies françaises et l'étranger, sera de 3 francs; la durée de ce passeport est fixée à une année.

Toute personne qui désirera obtenir un passeport pour aller en France, dans les colonies françaises ou à l'étranger, devra faire annoncer préalablement son départ par une déclaration au greffe qui sera affichée pendant six jours à la porte de l'hotel du Gouvernement, afin de donner à ceux qui seraient dans le cas d'y mettre opposition légitime, les moyens de faire, à ce sujet, les diligences nécessaires.

Le greffier tiendra registre de ces déclarations et en donnera communication à toute personne qui la demandera.

Après l'expiration du délai de six jours, la demande de passeport sera adressée, par écrit, au gouverneur, en y joignant un certificat du greffier constatant que l'avis du depart du pétitionnaire a été rendu public par les voies qui viennent d'être indiquées et qu'il n'y a été fait aucune opposition.

L'affiche devra être renouvelée, si le départ n'a pas eu lieu dans les trois mois qui ont suivi la première.

Dans le cas d'un départ précipité, le delai d'affiche pourra être réduit, sans jamais être moindre de vingt-quatre heures, à la charge, par le partant, d'offrir une caution, qui devra être désignée nominativement dans l'affiche.

La caution fera, en personne et sans frais, la soumission au greffe de répondre en son propre nom, sans division ni discussion, de toutes les dettes que l'individu partant aura contractées dans la colonie, sauf son recours contre ladite personne, et sera passible de la contrainte par corps, dans le cas où le principal obligé y aura été soumis.

Tout passeport ou visa dont il n'aura pas été fait usage dans les trois mois qui suivront le jour de sa date, sera réputé nul et non avenu, et devra, pour être renouvelé, être précédé de l'accomplissement des formalités ci-dessus indiquées.

Le greffier percevra, pour l'accomplissement des formalités et de la délivrance des certificats spécifiés aux deux articles précédents, une rétribution de 1 fr. 25 c.

Le présent article et le précédent ne sont pas applicables aux fonctionnaires, officiers et tous autres agents du Gouvernement.

Des passagers.

Les capitaines des navires arrivant au Sénégal ne pourront, à moins d'une permission spéciale du gouverneur, débarquer leurs passagers avant que leurs bâtiments ne soient mouillés à Saint-Louis.

Cette défense fera partie des instructions qui leur sont remises par la pirogue, aussitôt qu'ils arrivent devant Guet-Ndar.

Les passagers seront conduits par le capitaine du bâtiment sur lequel ils seront arrivés, au bureau des classes où le rôle d'équipage et les passeports seront examinés

Si un passager n'est pas inscrit sur le rôle d'équipage

13

et n'est pas muni d'un passeport ou d'une permission d'embarquement délivrée par qui de droit, et si le capitaine ne justifie des causes de la présence de cet individu sur son bâtiment, le capitaine sera tenu de le conserver à son bord jusqu'à décision contraire du gouverneur.

Le capitaine sera, en pareil cas, passible d'une amende qui sera déterminée ci-après.

Si l'inscription au rôle et le passeport sont réguliers, le commissaire des classes remettra le passeport au passager avec injonction de se présenter immédiatement chez le maire à l'effet d'obtenir un permis de séjour.

Les employés du Gouvernement ne seront soumis à aucune formalité.

Tout individu qui arrivera dans la colonie sans justifier de ses moyens d'existence ou sans présenter une caution réputée suffisante par l'autorité, sera dans le cas d'être renvoyé en France par ordre spécial du gouverneur, soit à ses frais, soit aux frais du Gouvernement comme passager à la ration, s'il est reconnu qu'il n'est pas en état de payer la dépense de son passage.

Il est enjoint au commissaire des classes de ne porter aucun passager sur les rôles, soit des bâtiments de l'Etat, soit de ceux du commerce, que sur l'exhibition des passeports ou d'ordres réguliers, et d'indiquer sur les rôles en vertu de quel titre l'embarquement a eu lieu, ainsi que la remise de ces titres au capitaine.

Tout capitaine, maître ou patron dont le bâtiment aura donné passage à qui que ce soit, non muni d'un passeport, répondra, en son propre et privé nom, de de toutes dettes, obligations et engagements pécuniaires que ceux qui seront ainsi sortis de la colonie y laisseront, et pourra être contraint à les acquitter de la même manière et par les mêmes voies que s'il s'en était volontairement rendu caution; il sera, en outre, passible de l'amende déterminée ci-après.

Le commissaire des classes passera la revue à bord des bâtiments du commerce, toutes les fois qu'il le jugera utile au bien du service.

Le capitaine de port prescrira, de son côté, au capitaine du poste de la barre, de visiter les navires à leur arrivée et à leur départ, et de s'assurer si le nombre des marins et des passagers présents à bord est conforme à ce que présente le rôle d'équipage.

Si cet agent découvre à bord, au moment du départ. quelque individu embarqué clandestinement, il fera mouiller immédiatement le bâtiment et en rendra compte aussitôt au gouverneur.

Police intérieure.

De la sûreté des quais et des rues.

Tout navire entrant dans le fleuve, et ayant des poudres à bord, devra arborer, au haut de son grand mât, un pavillon rouge et aller mouiller à la pointe du Nord, en face de la poudrière, où il sera tenu de déposer tout son chargement.

Il est défendu d'embarrasser les quais et les rues, d'y construire ou réparer des navires ou embarcations, d'y déposer des marchandises, des matériaux, des décombres, des immondices ou objets quelconques, d'y placer aucun poteau, d'y établir aucun atelier, même temporaire, sans l'autorisation du directeur des ponts et chaussées.

Tout ce qui tend à empêcher le passage ou à en diminuer la sûreté ou la liberté, soit dans les rues, soit sur le fleuve, est une contravention.

TABLE DES MATIÈRES.

		Pages
Atterrissage à Saint-Louis	1	à 4
Mouillage de Guet-Ndar	4	et 5
Instructions aux navires français et étrangers attérissant à Saint-Louis	5	à 7
Mouillage de la barre	7	et 8
Signaux pour indiquer l'état et le piétage de la barre	8	à 11
Avis aux navigateurs pour donner en Casamance	11	à 13
Vents et saisons	13	et 14
Communications télégraphiques entre le poste de la barre et Saint-Louis	14	et 15
Signaux du mât du Gouvernement	15	et 16
Signaux télégraphiques entre la barre et Saint-Louis. — Signaux ordinaires	16	à 30
Numéros des navires de guerre et de commerce	30	à 33
Signaux accompagnés du pavillon rouge	33	à 45
Remorquage sur la barre du Sénégal. — Conditions de l'entreprise	45	à 58

Extrait des règlements d'administration et de police en vigueur au Sénégal.

Police de la navigation. — Capitaine de port, police de la rade	58	à 63
Pilotage sur la rade de la barre et dans le fleuve	63	à 68
Immatriculation des navires	68	et 69

	Pages
Droits de tonnage	69 et 70
Francisation des navires	70 à 72
Congés	72 et 73
Rôles d'équipages	73 à 76
Douanes	76 à 88
Patentes et licences pour les capitaines et subrécargues vendant à terre ou à bord	88 et 89
Poste aux lettres	90
Prix des passages à bord des bâtiments de la marine impériale, pour les passagers civils allant dans les postes du fleuve	90 à 95
Passeports et passagers	96 à 99
Police intérieure. — Sûreté des quais	99 et 100